なぜかまわりに助けられる人の心理術

メンタリスト DaiGo

宝島SUGOI文庫

宝島社

はじめに

本書を手にとってくださり、ありがとうございます。メンタリストのDaiGoです。

さて、この本のタイトルは『なぜかまわりに助けられる人の心理術』です。

「なぜか」とタイトルで言ってしまっているので、

「一体どうやって助けてもらうテクニックなのだろう?」

「心理術なんて難しいんじゃないか」

と怪訝《けげん》に思いながら手にとってくださった方も多いのではないでしょうか。

簡単にご説明すると、**悩みの種になりやすい人間関係をもっと楽にするために「メンタリズム」を利用していこうという本です。**

「勇気づけの心理学」として近年ブームになったアドラー博士も、すべての悩みは人間関係にあると言っています。

みなさんは相手とのよりよい人間関係を築こうとして、
「もっと自分が頑張らなきゃ」
「もっと自分を変えていかないと」
と考えているのではないでしょうか。人間関係をよくするうえではそれ以外に方法はないようにも思えますよね。

そこで、「なぜかまわりに助けられる人の心理術」の具体的な説明に入る前に、私から読者のみなさんに質問させてください。

第1問。あなたにとって、一番大切な人は誰ですか?

「一番」というと、悩んでしまう人も多いかもしれません。「誰が一番なのか」という部分が重要な質問ではないので、単に「大切な人」と言われて思い浮かぶ人を何人かイメージしてみてください。家族、恋人、友人、仕事仲間……。頭のなかに、自分の大切な人たちを思い浮かべられたでしょうか。

では、第2問です。みなさんにとってその「大切な人」は、自分をいろいろと助けてくれる人ですか？　それとも、自分のほうが相手をいろいろと「助けてあげたい」と思う人ですか？

相手が「自分のためにまったく何もしてくれない人」というケースは稀《まれ》だと思いますが、おそらく自分の「この人を助けてあげたい」という気持ちのほうが強かったのではないでしょうか。

母親は、赤ちゃんが自分のために何もしてくれなくても心の底からわが子を愛しています。次のように考えるのではないでしょうか？

「この子のためならどんなことでもしてあげたい」

「困っていたら必ず助けたい」

また、大好きな恋人や友人のために、ついつい世話を焼いてしまう人も多いでしょう。そうなのです。**人は、大切な人のことを「助けてあげたい」と思う生き物なのであって、「助けてくれる人だから」という理由で人を好きになるわけではないのです。**

「大切な人のことは助けてあげたくなる」

これについては、みなさん異論はないと思います。好きだから、相手が困っていたら手助けしたい。喜ぶことをしてあげたい。とても自然な感情です。

ところが、その逆も成立してしまうのが人の面白いところです。

人には、「(自分が)助けてあげた人のことを好きになる」という性質があるのです。

この事実は、心理学の実験でも証明されています。

あるとき、川で女性がおぼれていました。それに気づいた男性は慌てて川に飛び込み、女性を助けます。

さて、「助けてもらった」女性と、「助けてあげた」男性、どちらが相手に対して好意を持ったでしょうか？

女性にとって男性は、自分をピンチから救ってくれた救世主です。当然、男性に感謝をし、好意を抱くだろうと予想したくなりますが……もうおわかりですね。

あとで調べてみると、**「助けてあげた男性」の好意が「助けてもらった女性」の好意を上回ることのほうが圧倒的に多かったのです。**

じつは、人が何かを「してあげる」「助ける」という行為は、「(自分は)相手に対して好意がある」ということを脳に教え込む行為なのです。

「大切な人のことを助けてあげたくなる」というのが自然な流れではありますが、人生には、先の例のように突発的なアクシデントなどで知らない人を「助けてあげる」ケースも存在します。

起きてしまったことですから、その事実のほうはもう変えることができません。すると、**脳は辻褄《つじつま》を合わせるために、変えられない過去の行動ではなく、自分の考え方のほうを変えようとするのです。**

その結果、「自分が体を張ってこの女性を助けたのは、この女性を好きだからだ」と考えるようになります。そして、「(自分が)何かしてあげた人のことを好きになる」という一見不思議な状況ができ上がるのです。**心理学ではこの状況を、「認知的不協和の解消」と呼びます**(アメリカの心理学者レオン・フェスティンガーによる)。

ここで、「認知的不協和」について少しだけ説明しておきましょう。

痩せたいと思っているのに暴飲暴食を繰り返してしまったり、恋人を大切にしたいと思いながら浮気をしてしまったり、体に悪いと知りながらタバコがやめられなかっ

なぜ人は助けた人を好きになる？

1.女性が川でおぼれかけている　　2.男性が女性を助けた

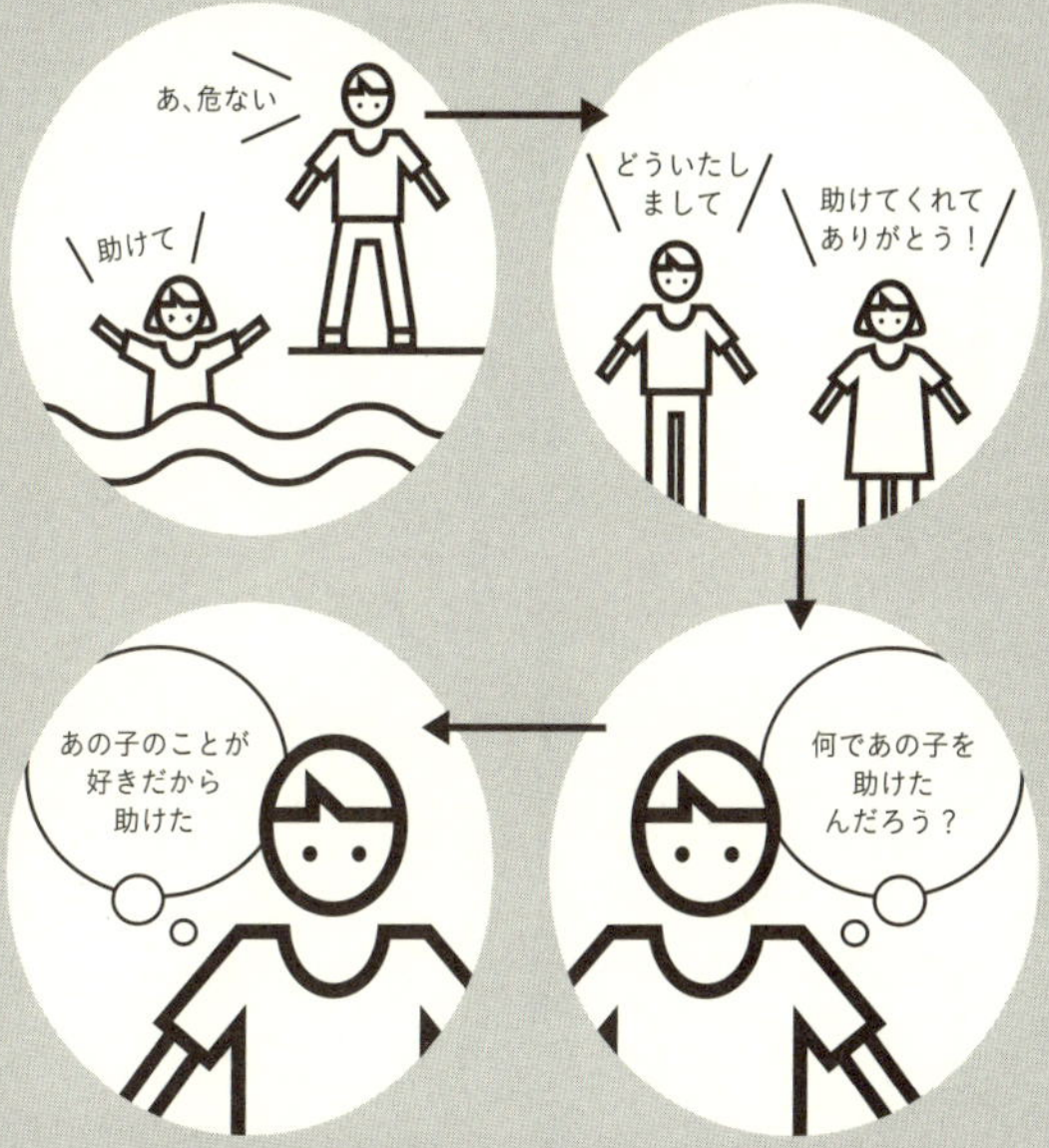

4.認知的不協和の解消　　3.認知的不協和の状態

普通は好きな人を助ける
↕
自分はあの子を好きではない

メンタリズムの**POINT**

相手に何かをしてあげることは、「相手に対して好意がある」と自分の脳に教える行為

たり。誰にでも、「自分が本来思っているはずのこと」と矛盾した行動をとってしまった経験があるでしょう。

ダメだとわかっているのに、やってしまった。それどころか、ダメだとわかっていながらなかなかやめられない。

人は、社会性を保つために一貫性のある存在でありたいと思っています。一貫性のない人というのは、社会では信用されません。すると、社会で生き残ることができません。そのため、**「一貫性を保たなくてはいけない」ということは人間の本能に刻み込まれています。**

しかし、実際のところ、人はまったく一貫性のない存在です。どんな人も矛盾のある行動をとりますし、非合理的なこともします。

たとえば、私も合理的な人間でありたいと思っていますが、じつは大の猫好きで、仕事場で飼っていたりもします。「猫が事務所にいると、適度にリラックスできて仕事がはかどる」なんて科学的根拠があるように言ったりもしますが、正直なところ、冬に猫がひざの上に乗ってくると、体がぽかぽかしてきます。すると、眠くなってきます。当然、効率は落ちます。

私に限らず、人が矛盾した行動をとること自体は当たり前のことなので、何の問題もありません。しかし、矛盾を抱えた脳は不快感を覚えます。

「自分は矛盾した行動をする存在だ」という事実を認めることができないのです。その不快感を解消するために、無意識に行われるのが「認知的不協和の解消」です。

辻褄を合わせるために、「理由があるからそういうことをしたんだ」と思い込むのです。そうでもしないと、自分が非合理的でわけのわからない存在だということを認めることになってしまうからです。

ここまでの話をおさらいすると、つまりこういうことです。

- **人は、相手を好きだから何かしてあげようと思う。**
- **人は、何かしてあげたから好きになってしまう。**

そこで、やっと「なぜかまわりに助けられる人の心理術」の登場です。

「助けられる」というと少し大げさですが、「手助けしてもらう」「やってもらう」「手を貸してもらう」など、「サポートしてもらう」くらいのニュアンスで受け止めてください。

この本は、うまく相手の心を誘導して、自分が「助けてほしい」と思っていることを自然な流れで「やってあげたいな」と相手に思わせること。さらに、実際に行動してもらえるようにするテクニックを紹介した本です。

このテクニックは、たとえば上司に何か仕事を手伝ってもらいたいとき、恋人や友達にお願いごとがあるときなど、相手との力関係や性別に関係なく使えます。

他人を動かすために使うテクニックは、相手が誰であっても同じなのです。

では、このテクニックを身につけたみなさんは、一体どうなるのでしょうか。

まずみなさんは、晴れて「助けてあげる側の人」から「助けられる側の人」になります。誰かにちょっと手助けしてもらいたいことって、日常生活にはたくさんありますよね。そういうときに、わざわざお願いしなくても自然と助けてもらえる人になれたら、いいと思いませんか？

すると、**単純に自分ですることが減り、いろいろなことを「アウトソーシング」した状態になります。**

たとえば、職場であれば仕事の負担が軽くなるでしょうし、プライベートで友人や恋人と一緒にいるときも「自分でやらなくてはいけないこと」が減って楽になるでしょう。

それだけではありません。先ほどもお話ししたとおり、人は何かをしてあげると、相手のことを好きになってしまうようにできています。そのため、**他人から「助けてもらう人」になることで、他人から「好かれる人」にもなれるのです。**

また、この仕組みを理解していれば、「（相手から）好かれるために、（相手のために）何かしてあげなくてはいけない」というプレッシャーからも解放され、気持ちも楽になります。まさに一石二鳥です。

「私はいつも彼氏に尽くしてしまう」

「他人にお願いごとをするのが下手だ」

と感じている人も、自分にはムリだと諦める必要はありません。

メンタリズムとは、「行動や態度、言葉などから相手の心理を読み解き、思うままに誘導する技術」です。

つまり、上手に何かを「やってもらう」「助けてもらう」ことは、私（メンタリスト）が得意とするメンタリズムの分野。れっきとしたテクニックなので、この本を読んで、ルールに従って行動すれば、誰でも「助けられる側の人」になることができます。性格や生まれ持った性質はまったく障害になりません。

こういうと、他人を操る悪いテクニックを学んでいるようで、気がとがめるという人もいるかもしれませんね。

たしかにメンタリズムのテクニックのなかには、悪用すると危険なものも存在します。一般的に「ブラック心理学」などといわれているものがそうです。

しかし、**メンタリズムとは本来「人と人との信頼関係を深める助けとなる技術」**です。これについてはPART1で詳しく説明しますが、**他人から助けてもらうことは決して悪いことではなく、むしろお互いにとってメリットがあるよいことなのです。**

この大前提を理解して、他人から助けてもらうことへの抵抗感さえなくなれば、あとは非常に簡単です。自分の意のままに動く相手の姿を見て、みなさんはきっとびっくりすることでしょう。


私はメンタリストとして、人を思うままに動かすさまざまなテクニックを身につけてきました。この本では、その一部のテクニックをご紹介していきます。

今日からでも実践すれば、どんな人でも他人から好かれるようになり、今日より明日、明日より明後日……と、人間関係はどんどん楽になっていくでしょう。

ぜひ、人間関係のわずらわしさから解放された自分の姿を想像しながら読み進めてください。

他人から「助けてもらう人」になることで
他人から「好かれる人」にもなれる

なぜかまわりに助けられる人の心理術

CONTENTS

PART 1

あなたが頑張るのをやめればみんなが幸せになる

PART 2

「やってもらえる人」の3つのルール

PART 3

やってあげたいと思わせる7つのトラップ

PART 4

やってもらってばかりでも好かれる5つの習慣

構成　大高志帆
撮影　星野泰孝
ヘア&メイク　永瀬多壱(VANITĒS)
装丁　渡邊民人(TYPEFACE)
本文デザイン　TYPEFACE
編集　木村圭輔

PART 1

あなたが頑張るのをやめればみんなが幸せになる

「弱みを見せる人ほど他人から愛される」

「はじめに」では、本書のタイトル「なぜかまわりに助けられる人」が何であるかを説明するとともに、次の3つのことについてお話ししました。

・人は、相手を好きだから何かしてあげようと思う。
・人は、何かしてあげたから好きになってしまう。
・好かれたいなら上手にしてもらうことが大切。

では、ここでまたみなさんに質問させてください。

みなさんが「職場の同僚と親しくなりたい」「片想いのあの人に好かれたい」と思った場合、一番最初にするのはどんなことですか？

まずは会う回数を増やしたり、マメに会話をしたり、相手と密にコミュニケーションをとろうとするでしょう。

そして、相手のために気を使ったり、優しくしたり、親切にしたり、「何かやってあげる」ことで自分がよい人物だということをわかってもらおうとするのではないでしょうか。

非常にわかりやすい、正攻法のやり方です。このようなコミュニケーションを続けていけば、きっと相手から「いい人だな」と思われることには成功します。

しかし、賢明なみなさんはすでにお気づきでしょう。「はじめに」でもお話ししたとおり、人は、好きな人のためには何かしてあげたいと感じます。そして、「何かしてくれる人だから」という理由で相手を好きになることはないのです。

それどころか、自分が何かしてあげると、辻褄《つじつま》を合わせるためにその相手のことを好きになってしまいます。

みなさんが相手のために何かしてあげるということは、人としてはとてもいいことです。どんどんやってあげてください。

ですが、「相手から好かれよう」という目的であれば、あまり効果はないかもしれません。

みなさんが人間関係で悩んでいるとしたら、それはみなさんが他人に対して「やってあげる人」だからなのです。

そうはいっても、みなさんはまだ「好かれるためには、（相手から）やってもらう人にならなくてはいけない」というロジックについて、納得し切れていないのではないでしょうか。それにはいくつか理由があります。

まず、私たちは小さい頃から親や学校の先生に、くどいくらい「自分のことは自分でできるようにならなくてはいけない」と教え込まれてきました。

もちろんこの教育は、人としてはまったく間違っていません。何でも自分でできれば、他人に迷惑をかけることはありませんし、人に頼らず自立して生きていくことができます。

親や先生は「自立した立派な人間になってほしい」と願っていますから、「他人に頼るな」と教育するのは当然のことでしょう。

ですが、「好かれる人」「愛される人」になるためには、必ずしも完璧な人間である必要はありません。むしろ「馬鹿な子ほどかわいい」ということわざもあるほどで、**少しくらい他人に弱みを見せられる人間のほうが「好かれる」「愛される」という意味では正解なのです。**

ここでひとつ、そのことを端的に表す心理学の実験についてご紹介しましょう。

被験者に5ドルの謝礼を支払って、ある実験に協力してもらいました。通常はこれで終了なのですが、あるとき実験者が被験者に「ポケットマネーで実験をしているんだけど、じつは実験用のお金が足りなくなってしまいました。本当に申し訳ないのだけど、もしよかったらさっき渡した5ドルを返してもらえませんか」とお願いするのです。

そもそも5ドルというそう大きくはない金額なので、こんなふうにお願いされたら多くの被験者が5ドルの謝礼を返してくれたそうです。

さて、面白いのはここからです。この「5ドルを返す」という部分が真の実験なので、「5ドルを返してほしい」とお願いされた被験者グループと、通常どおり「5ドルを受け取った」被験者グループがいます。

そこで、実験が終わったあと、「実験者に対してどれくらい好感を持てたか?」とそれぞれのグループの被験者に聞いてみると、「5ドルを受け取った」被験者グループより、「5ドルを返してほしい」とお願いされた被験者グループのほうが実験者の

約束を破っても好かれる？

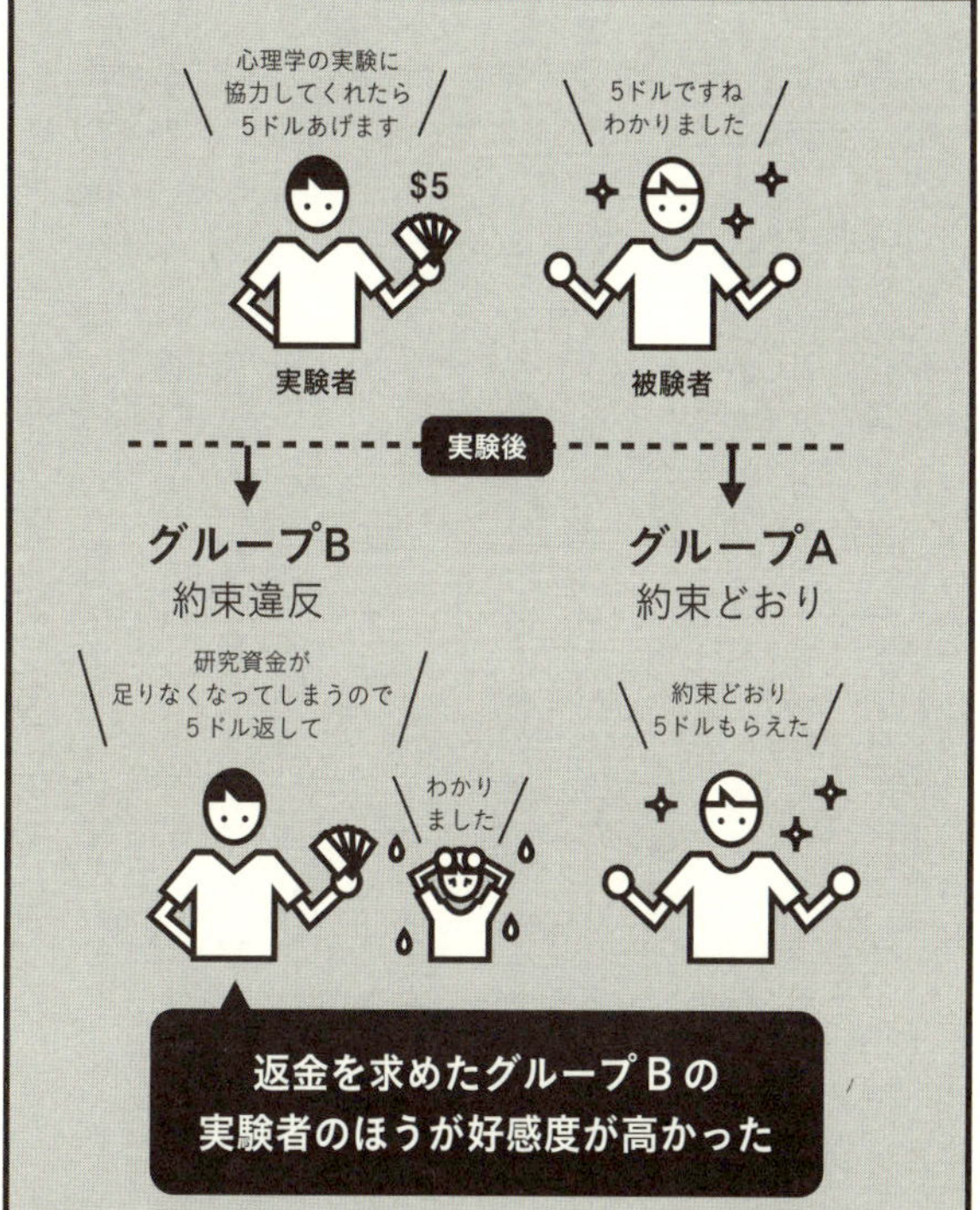

メンタリズムの**POINT**

「相手に助けてもらう」という行為によって、
自分の好感度は高まる

ことを「いい人だ」と感じていることがわかったのです。

普通に考えれば、実験に協力した対価として約束どおりお金を支払った実験者のほうが、礼儀正しい「いい人」であるはずです。

ところが、実際に「いい人だ」と好意を持ってもらえるのは、「お金が足りなくなってしまったから、助けてもらえませんか」と頼んだ実験者のほうだったのです（心理学者ジェッカーとランディによる実験）。

この実験でわかるのは、**自分に対して好意を抱いてもらうには「相手に自分の弱みを見せて、助けてもらう」というプロセスが必要だということです。**

助けてもらう、お願いする、頼る、など内容や言葉のニュアンスに多少の違いはあっても、基本は同じ。好かれるためには「やってあげる」のではダメで、「やってもらう」ということが大切なのです。

「やってもらう人」にならなくてはいけない理由について、納得できたでしょうか。

□助けてもらうことで相手も幸せになる

まだ納得できないみなさんのために、少し違う視点から話をしましょう。

みなさんは、「自分のことは自分でできるようにならなくてはいけない」という親や学校の先生からの教えとともに、もうひとつ強烈な思い込みを抱えています。

それは、「他人から何かしてもらったら、必ずお返しをしなくてはいけない」ということです。

やはり親や学校の先生から、「人に親切にしてもらったら、必ずお礼を言ってお返しをしなさい」と教えられてきたのではないでしょうか。これも、子どもに対する教育としては非常に正しいし、何の問題もありません。

ですが、私たちのなかに無意識に浸透しているこの教えが、「やってもらう側の人」になることに対する抵抗感の正体でもあります。

「何かしてもらったら、同じだけ、もしくはそれ以上にお返しをしなくてはいけない」。だから、「やってもらう側の人」になったら、いろんな人にものすごい量のお返しをしなくてはいけないのではないかと感じて、無意識に不安になっているのです。

ですが、それについてはまったく心配する必要はありません。自分が他人に親切にしてあげたときのことを思い出してみてください。

たとえば、かわいがっている職場の後輩が困っているときに、少し仕事を手伝ってあげた。友達に頼まれて、デートで使えるステキなお店を何軒か教えてあげた。風邪で倒れてしまった彼氏のために、おかゆをつくってあげた。

どうですか？　これらは紛れもない「親切」な行為です。ですが、それに対して自分は何か見返りを求めていたでしょうか。お返しがあればたしかに嬉しいかもしれませんが、「何かお返ししてほしい」と思ってしたことではないはずです。

そうです。**「やってあげる側の人」は、相手のことが好きだから、好きな人のために自分が「やってあげたい」と思ったことをしただけで、決してお返しを期待してい**

るわけではないのです。

ですから、やってもらうことに対して責任を感じる必要はないのです。

さらに、PART3で詳しく説明する「やってあげたいと思わせる7つのトラップ」とPART4の「やってもらってばかりでも好かれる5つの習慣」を実践すれば、上手に「やってもらう」技術が身につきます。

すると、「お返し」に悩まされるどころか、たとえやってもらってばかりでも、むしろ相手は「こんなにやらせてくれてありがとう」というくらいの気持ちになるはずです。

やってもらったうえに、感謝までされるのです。みなさんにとっては信じられない事態かもしれませんが、これはメンタリズムの観点から見れば当然の結果。

というのも、**人は誰かに何かをやってあげることで、「自分は必要とされている」と感じられる生き物だからです。**

それに関して面白い話があるので、ここで少しご紹介します。

ビル・ゲイツやウォーレン・バフェットといったビジネスや投資で大成功した大富豪が、何兆円という巨額の寄付をした話をみなさんもニュースなどで聞いたことがあるのではないでしょうか。

もちろん彼らは、すでに成功者として巨万の富と圧倒的な名声を得ています。

では、なぜ彼らは慈善事業に巨額の寄付をしているのでしょうか？

お金と人間の幸福度の関係を調べた実験によると、人間の幸福度というのは、年収の増加とともに高まっていきます。しかし、年収約7万5000ドルのラインで幸福度はあまり高まらなくなってしまうそうです。

つまり、年収7万5000ドルと年収100万ドルとでは、お金が理由となる幸福度に大きな差はないということです。そして、**お金の増加で高まらなくなった幸福度を高める最後の手段として、人間は他人のために行動するようになるのです。**

そのもっともわかりやすい例が、先ほど名前を挙げたゲイツやバフェットといったすでに何もかも手にしたように見える人たちの行動です。

新しい車を買う、豪華な別荘を買う……、そうした行動では自分の幸福度を高めることができなくなったため、人を助ける行動をとるのです。それほどまでに利他的行動がもたらす幸福度というものは高いのです。

誰かを助けてあげた、誰かの役に立ったという精神的な充足感が、その人を幸せな気持ちにさせます。ですから、**相手に何かをやってもらうという行為は、めぐりめぐって「やってあげる側の人」を幸せにする行為でもあります。**

「やってもらった」自分が幸せになるのは当たり前ですが、同時に自分のために何かを「やってくれた」相手も幸せな気持ちになっているということです。

そう聞くと、何かをしてもらうことへの罪悪感も消えるのではないでしょうか。

□自信がない人ほど相手に何かしたい

みなさんを納得させるために、今度は少し怖いお話をします。

「何かしてもらったら、同じだけ、もしくはそれ以上にお返しをしなくてはいけない」という思い込みは、ほぼすべての人に浸透しています。つまり、あなたが相手に何かしてあげれば、相手も「お返しをしなくてはいけないな」とプレッシャーを感じているということです。

それなのに、あなたが「好かれたい」一心で相手に何かをしてあげ続けたとしたらどうでしょう。

相手は、「お返しをしなくてはいけない」というプレッシャーにいつか耐えられなくなります。

「この人は自分のためにこんなにしてくれるのに、自分は何もお返しができていないし、返せるものが何もない」と。

罪悪感と良心の呵責《かしゃく》に苛《さいな》まれた結果、相手は「この人からはもう親切を受け取ってはいけない」と感じます。

それだけではなく、「絶対に親切を受け取らないように、もう会うのはやめよう。接点を持ってはいけない」と思います。

「やってもらう」プレッシャーに耐えかねて、あなたから逃げ出してしまうのです。

この感情の働きを説明するのにもってこいなのが、「尽くす女」です。

彼氏はメジャーデビューを夢見るバンドマン。彼女は、お金はなくても大きな夢に向かって努力する彼氏のことが好きで好きで仕方がありません。きっと、かいがいしく彼氏の食事や生活の世話をして、何ならお金の面倒も見てあげるでしょう。ですが、このような恋愛はたいてい彼氏が彼女の元を去って終わります。

当事者である彼女は、「私がこんなにしてあげたのに、どうして？」と不思議に思うでしょうが、みなさんはもうおわかりですね。

女性に「たかる」ことを目的にしているヒモのような男性でもない限り、親切を受け取り続けるというプレッシャーに耐えられないのです。

つまり、「やってあげる」ことも度を超すと、人間関係の崩壊を招きかねないということです。

もうひとつ、「やってあげる」側の人の失敗例をご紹介しましょう。

「過保護な親」も、「やってあげる」側の人です。もちろん、大好きな子どもに危ないことはさせたくない。子どもが失敗しそうになったら助けてあげたい。これはどんな親にも共通する思いなので、その気持ち自体が「過保護だから問題だ」とは言いません。

ですが、本当に常に子どもを監視して、子どもの行動にあれこれ口を出し、そのうえ手まで出したりするのは間違いです。

彼らはそれを「子どものためにしていることだ」と思っていますが、とんでもありません。**尽くすことは、度を超すと強烈な「干渉」になります。**

そして、何も自分で獲得した記憶のない子どもは、自分に自信を持つことができなくなります。自信がないと自分で何も選べなくなり、親に依存するようになります。成長した子どもは、「自分は親のせいでこんなふうになってしまった」と怒るでしょう。

結局のところ、過保護に育てたせいで子どもの未来も親子関係もダメにしてしまうのです。これは、すべての悩みは人間関係にあるとしたアドラー心理学でもいわれていることです。

また、過保護な親の姿からは、「やりすぎてしまう人」の弱さも見えてきます。

やりすぎてしまう人たちは「自分は相手のために頑張っている」と思っていますが、実際はそうではありません。**彼らは自分に自信がないので、尽くして、干渉していないと他人から必要とされていることを実感できないのです。**

「相手のためにこれだけしてあげた」という精神的な満足感を得るために、彼らはどこまでも尽くして、干渉します。つまり、他人に何かを「やってあげる」ことで、自分の存在意義をたしかめているということです。これはすでに、相手のためを思っての行動ではなくなっています。

職場によくいる「口うるさい上司」もこれと同じ構造です。「全然仕事をしないくせに、口ばっかり出しやがって」と言われているような人。みなさんも心当たりがあるのではないでしょうか？　彼らの場合、自分が部下をコントロールして「仕事をした気になっている」というケースが多いのです。

このように自分に自信がない「尽くしすぎる人」というのは、他人に干渉しまくって相手の心のなかに居場所をつくらないと、自分は価値のある人間だと思うことができません。

そして、尽くして尽くして尽くしたあげくに相手に離れられ、「裏切られた」と言って勝手に傷つくことになるのです。勝手に期待して裏切られる――。最悪のシナリオですね。

もちろん、多少の親切を行うことは相手へのプレッシャーにはなりませんし、誰からも感謝されるでしょう。そうすることで広げられる人間関係もあります。

ですが、どんな人にも親切を振りまいていけるわけではありません。いつか必ずキャパオーバーになって、誰にも何も「やってあげる」ことができなくなります。

そうすると、「親切な人」ということで広げてきた人間関係も、親切にすることで得てきた自分への自信も、すべてそこで終わってしまいます。

また、先ほどもお話ししたように、尽くしすぎてしまうと相手にとってはプレッシャーになり、結果的に人間関係は崩壊します。「やってあげる人」でいることには、さまざまな危険が潜んでいるのです。

ここまでの私の話を驚きをもって読んでくださったみなさんは、これまでの人生でもう十分に「やってあげる」ことをしてきたのではないでしょうか。

だからこそ、突然私が言い出した真逆の話に驚いたのです。

今まで本当に頑張りましたね。心から「お疲れさまでした」と言わせてください。

ですが、みなさんのまわりを見てみてください。

「いろいろやってもらっている」のに、なぜかまわりから愛される人、信用される人、評価される人はいませんか？

逆に、他人のために「いろいろやってあげている」みなさんは、その人ほどまわりから認められていますか？　頑張っているのに報われない、いろいろなことを抱え込んで辛いと、人間関係で悩んでいたりしませんか？

PART2では、そのようなみなさんに、

1　尽くさない

2　強がらない

3　頼まない

という「やってもらえる人」になるための3つのルールをご紹介します。
そして、PART3では「やってあげたい」と相手に思わせる7つの具体的なトラップ（テクニック）を、PART4ではやってもらってばかりでも好かれる5つの習慣を伝授します。長い道のりのように感じるかもしれませんが、やってみればとても簡単なことばかりです。

そろそろ、頑張っても報われない「やってあげる人」を卒業して、「やってもらってばかりでも好かれる人」になりましょう。
「やってあげる」のをやめることで、職場は居心地のいい場所になり、友達や恋人、家族との関係もどんどんよくなっていきます。

みなさんが頑張るのをやめることが、まわりの人も幸せにするのです。

COLUMN

ダメ男と小悪魔女はなぜ人を使うのがうまい？

世間的には「付き合ってはいけない相手」とされながら、なぜか異性を引きつけてやまない「ダメ男」と「小悪魔女」。ダメ男は彼女にいろいろ「してもらう」ことが上手ですし、小悪魔女はワガママで男たちを振り回します。

彼らは、「助けてもらう」という分野に関してはプロ中のプロです。彼らを目指してくださいとは言いませんが、ここでは彼らが愛されるカラクリをご説明しましょう。もし、自分自身やまわりの友達が「ダメ男」や「小悪魔女」に翻弄《ほんろう》されているなら、その状態から脱する助けになるかもしれません。

直球派のダメ男
技巧派の小悪魔女

「ダメ男」は、自分の弱みやダメな部分を隠さず彼女に見せることで「助けてあげたい」「いろいろやってあげたい」「私がいなくちゃこの人はダメなんだ」という気持ちにさせています。そして、彼女の側は「助けてあげた」「やっぱり、私がいなくちゃダメなんだ」という充実感で、自己重要感を満たします。

自分の弱みをストレートに見せるというのが彼らの戦法なので、付き合う女性のタイプは大体毎回同じです。自分の弱みに魅力を感じたり、助けることで自己重要感を満たしたいと感じたりする「母性本能の強いタイプ」の女性と付き合うことが多いようです。

といっても、彼らがどこまで「狙って」、意図的に行動しているのかはわかりません。ホストなどのように、職業的に「狙って」母性本能をくすぐっているのでもない限り、おそらくは経験的に「助けてもらうのが楽」と感じ、無意識に弱みをダダもれにしているのではないかというのが私の分析です。そう考えると、何とも憎めない人物ですね。

いっぽう「小悪魔女」は、相手が「少し無理をすれば叶えられる」程度のワガママをあれこれ言うことで、彼氏や自分に夢中な男性に「彼女の高い要求に応えた」という自信を与えます。そうすることで、やはり相手は自己重要感を満たし、「もっと彼女にしてあげたい」「彼女の期待に応えられる男はオレ以外にはいない」と満足するのです。

「小悪魔女」は、男性がワガママに応えた瞬間は「ありがとう!」と思い切り甘えますが、ワガママを拒否されればすぐに機嫌を悪くします。「期待に応えないと嫌われてしまうかもしれない」と不安にさせることで、相手の脳に快楽を与えるホルモン、ドーパミンを分泌させるのです。

そういう意味では、彼女たちは「狙って」男性を翻弄しているのでしょう。どうすれば男がもっと自分に夢中になるのか、自分の意のままに動いてくれるのか、きちんとわかっているのです。ホステスさんの多くは、この手のテクニックを修得しているようです。

そのため、彼女たちが付き合う男は毎回タイプが違います。相手に合わせてテクニックをアレンジすれば、どんな男に対しても「小悪魔」的な振る舞いができるからです。そう思うと、「小悪魔女」のほうが「ダメ男」より上手《うわて》ですね。

彼らに共通する行動は、相手のために（？）少しだけハードルの高い目標を設定して、それをクリアさせ続けるということ。

たとえば、「小悪魔女」なら「新しいバッグがほしい」。「ダメ男」なら「お金がないから今日はおごって」など。どちらも、無理ではないレベルの「ちょっと大変」なお願いごとです。そのお願いをほんの少しずつレベルアップさせていくことで、なぜか相手のほうが充実感を覚える仕組みになっています。小さな階段を一段ずつ上っていくような感覚で、なぜか人は頑張ってしまうのです。

いっぽう、これが下手な人は、「自分は何でもできる！」とアピールしてしまい、階段どころか高い壁を相手の前に出現させてしまいます。すると、せっかく「好きな人のために何かしてあげたい」と思っていた恋人も「私（オレ）は本当に必要とされてるのかな。愛されてないんだろうか」と不安になり、徐々に心が離れていきます。

これでは、お互いにとってよくありません。

「ダメ男」にも「小悪魔女」にもなる必要はありませんが、相手に愛情を感じさせてあげるためにも、「助けてもらうこと」と「大きく感謝すること」の組み合わせは必須なのです。

PART 2

「やってもらえる人」の3つのルール

「人間関係で頑張らない」

「はじめに」とPART1を通して、人間関係をもっと楽にするためには「やってもらう人」になる必要があることを繰り返し説明してきました。

「自分のことは何でも自分でしなくてはいけない」

「他人から何かしてもらったらお返しをしなくてはいけない」

と思い込んでこれまで頑張ってきたみなさんには、かなり衝撃的な話だったのではないでしょうか。


もう一度言います。みなさんは何でも自分でやりすぎています。

頑張りすぎて、自分の首を絞めています。もっと「やってもらう人」になるべきです。それが多くの人間関係の悩みを軽くして、結果的にはみなさんのまわりの人まで幸せにします。

さて、PART2では「まわりに助けられる人の心理術」の核となる、「やってもらえる人」になるための3つの「ルール」についてお話しします。

これは、この本のPART3とPART4で解説する「やってあげたい」と思わせるための7つのトラップと、やってもらってばかりでも好かれる5つの習慣のベースとなる「マインドセット」の部分です。

みなさんがなぜ「やってあげる人」になってしまったのか。

どんな誤解がみなさんの人間関係の悩みを複雑なものにしているのか。

3つのルールを知ることで、これらの原因を理解して、スムーズにPART3とPART4の具体的なテクニックの実践にうつることができます。

ルール 1 尽くさない

では、さっそくひとつめのルール「尽くさない」から説明していきましょう。

これからみなさんが目指していくのは「やってもらえる人」になることです。

そう考えれば、「尽くさない」のは当然のことですね。どちらかといえば「尽くされる人」にならなくてはならないからです。それなのになぜみなさんがまわりに尽くしてしまったのかというと、PART1でもお話ししたように、

「相手から好かれるためには親切にしなくてはいけない」

「尽くさなくてはいけない」

という大きな思い違いをしていたからです。好かれるために、まわりに迷惑をかけない「いい人」であろうとしたのです。

この勘違いを端的に表す私の好きな表現に、

「いい人＝どうでもいい人」

という言葉があります。

まわりの人に尽くしてきたみなさんは、たしかにそのコミュニティにおいて完璧な「いい人」なのだと思います。ですが、はっきり言ってそれだけです。せっかく辛い思いまでして努力してきたのに、「まわりのために尽くすいい人」であったがために、「どうでもいい人」になってしまっていたのです。

□ 相手を慣れさせないことがキホン

「尽くす人」がなぜ「どうでもいい人」になってしまうのか。

これについては少し説明が必要でしょう。簡単にいえば、「いつでも何でもやってくれる人だ」という安心感にまわりが慣れてしまったのです。

人は非常に順応性の高い生き物なので、どんなに特異な状況でも少したつとそれに慣れてしまいます。

「宝くじで1億円当たった人と、事故で半身不随になってしまった人の話」などは、みなさんも聞いたことがあるのではないでしょうか。

1億円というのは大きなお金です。それを宝くじで当てるというのは、ものすごい確率ですし、「億万長者」になった人たちはさぞや幸せになっているだろうと思ってしまいます。

ですが、彼らがその後どうなったかを調べてみると、本当に幸せな気持ちのままでいる人はほとんどいません。1年もたてば、以前と変わらない幸福度へと戻っていくのです。

そして、その逆もまたしかり。事故で半身不随になってしまったら、さぞや絶望的な気持ちになるだろうと思いがちですが、やはり時がたてば精神状態は元どおりに。私たち人間は、どんな状況にも慣れて、大きな幸福感も絶望感も感じなくなるようにできているのです。

1億円が当たった幸福感が持続しないのですから、みなさんがまわりに与える程度の親切に対する「いい人だな」「やってもらって嬉しい！」という感動が持続しないのは当然です。だから、私たちは毎回尽くしてはいけないのです。

相手を慣れさせないためにする工夫は、いたってシンプル。**自分の行動に「ランダム性」を持たせるのです。**

たとえばみなさんが彼氏に対して、毎日毎日食事を用意してあげているとします。すると、最初は感謝されてもそのうち当たり前になって、それどころか、たまに食事の準備が遅れたときには「早くしてよ」なんて文句を言われることにもなってしまいます。「食事は彼女が用意してくれるもの」と彼氏の頭のなかに刷り込まれてしまうからです。

それを、たとえば週3回にしてみる。それも、「日・月・火曜日」など決まった曜日ではなく、今週「月・火・木曜日」だったら来週は「土・日・月曜日」に変えるなど、予測できないようにしてみる。

サイコロを転がして「奇数が出たらつくってあげる」などと決めてもいいくらいです。すると、彼氏は彼女が手料理をつくってくれる日を楽しみにするようになります。感謝の気持ちもわいてきます。美味しい手料理をつくってもらえるように、彼女に対して優しくしたりもするでしょう。

「尽くさない」とは言いましたが、相手に対してまったく何もやってあげないという意味ではありません。

こちらが「やってあげる」ことに対して相手が慣れてしまわないよう、「たまにやってあげる」ようにするのです。

この人間関係における「ランダム性」の大切さをよく知っているのが、水商売のホステスさんたちです。

彼女たちはお店に来るお客様に対してお酒を注いだり、タバコに火をつけたりして気を使いますし、楽しそうに話も聞いてあげます。

でも、デートに誘うとあれやこれやと理由をつけて、なかなか「うん」とは言いません。だけど、プレゼントをあげれば喜んでくれるし、たまにデートの誘いに乗ってくれたりもします。

水商売の女性に貢いでしまう男性たちをはたから見ていると、「どうして仕事として『いい顔』をしているだけの女性にそんなに熱を上げてしまうのだろう」と疑問を感じますが、彼らは彼女たちが巧みに「ランダム性」を使いこなすために、ついつい術中にハマってしまうのです。

□ 親切を少しやめるだけで立場が逆転

その「ランダム性」の最たるものがギャンブルですが、みなさんはなぜ人がギャンブルにハマるのだと思いますか？

昔から「カジノが必ず勝つ」ということわざもあるほどで、賭ける側の私たちお客より、運営する側のカジノの取り分が多いのは当然のことです。

カジノが負けてお客を勝たせてばかりいたら、カジノはすぐに潰れてしまいます。カジノはれっきとした「ビジネス」なのです。

こんなに当たり前のことをわかっていながら、なぜ人はギャンブルにお金をつぎ込んでしまうのでしょうか。

それは「当たるかもしれないし、ダメかもしれない」というランダム性に対して、**私たちの脳が「ドーパミン」というホルモンを出すからです。**

ドーパミンは「快楽ホルモン」とも呼ばれていて、分泌されることで気持ちがよくなります。そして、集中力も高まり、やる気も出ます。

ドーパミンを出すために必要な「ランダム性」とは、つまり「期待」や「希望」のこと。「何かいいことが起こるかもしれない」とワクワクする、あの感じのことです。**言い換えれば、プラスの可能性だけでなく、マイナスの可能性もなくてはならないのです。**ギャンブルはその条件にぴったりというわけです。

ドーパミンが仕事や恋愛をしているときに分泌されればすべてはよい方向に進むのですが、ギャンブルに対して分泌されると大変です。

私たちは快感を求めてドーパミンを出したくなる＝何度でもギャンブルをしたくなりますし、ドーパミンが分泌されれば集中して何時間でも賭け続けてしまいます。ギャンブルにハマる人たちは勝ちたいのではなく、負けるかもしれないスリルに対して分泌されるドーパミンの虜になっているのです。

考えてもみてください。いい大人が真面目に働けば、1日数万円を稼ぐのはそう難しいことではありません。それなのに1日中スロット台に座って数万円勝った、負けたと騒ぐのは、完全にドーパミンほしさからくる行動です。

極論を言えば、必ず勝つギャンブルなら誰もハマったりはしません。絶対に落とせる女性に夢中になる男性もいません。完全に格下の人間とスポーツの試合をしても面白くないのと同じです。

つまり、これまで毎回尽くしていたみなさんは、一緒にいてもスリルがなくて面白くないから「いい人、どうでもいい人」になってしまったのです。

そうとわかれば、するべきことはひとつだけ。

まわりに惜しみなく与えていた親切を、ちょっとだけやめてみることです。

「やってあげたいな」と思っても、グッと我慢して、そしてたまに「やってあげる」の繰り返し。我慢する、というと難しいことのようですが、まったくそんなことはありません。今までよりすることが減って、かえって楽になるくらいです。

「尽くす人」と「やってもらえる人」の違い

尽くす人 ＝ 必ず勝つギャンブル
絶対に落とせる異性
必ず勝てるスポーツ

↕

やってもらえる人 ＝ ランダム性
（プラスとマイナスの可能性）を
ちらつかせ、相手に
ドーパミンを出させる

↓

**プラスの期待とマイナスの不安で
相手はどんどん楽しくなる**

メンタリズムの**POINT**

**ランダム性を相手に感じさせれば
相手はどんどんあなたに「やってあげたく」なる**

尽くすことをやめると、あなたのひとつひとつの親切に対して、まわりの人が今までより感謝するようになります。

「いつもやってもらえるわけではない」という小さなスリルがそうさせるのです。彼氏や彼女から優しくされるなど、人間関係にもちょっとした変化があるかもしれません。そうした成功体験は、きっとみなさんを、「相手から好かれるためには親切にしなくてはいけない」「尽くさなくてはいけない」という思い込みから解放してくれるはずです。

いつも心にサイコロを用意しましょう。**「やってもらえる人」になるために、まずは行動にランダム性がある人＝たまにしか尽くさない人になるのです。**

ルール2 強がらない

「やってもらえる人」になるための2つめのルールは「強がらない」です。

これは、心配させる、弱みを見せるとも言い換えられます。つまり、相手に「助けてあげたいな」「何かしてあげなくちゃいけない」と思わせるということです。

これまで、「自分のことは何でも自分でしなくてはいけない」と思い込んできたみなさんは、無意識のうちに強がる癖がついています。自立した大人として、

「他人に心配をかけてはいけない」

「弱みを見せたら負けだ」

などと、真逆のことを考えている人もいることでしょう。能力があり、きちんとし

た倫理観を持っている人ほどそのように考えがちです。

ですが、じつは能力の高い人が強がってしまうと、その完璧さゆえに、まわりにとっての脅威になる可能性があります。PART1で、人は誰かに何かをやってあげることで、「自分は必要とされている」と感じられる生き物だとご説明しました。**誰かを助けてあげた、誰かの役に立ったという精神的な充足感が、その人を幸せな気持ちにさせ、自己重要感を高めるのです。**

それなのに、みなさんが強がって自分のことを何もさせてあげないと、まわりの人は「自分は必要とされていない」と無力感を抱くことになります。

そして、強がる人と一緒にいることで、不幸になる人もいるのです。

この不幸な組み合わせの例として、ある実在のカップルのお話をしましょう。

男性のほうは35歳の弁護士で、年収は約2000万円。当然、立派な学歴があり、人柄も優れています。いっぽう、女性のほうは30歳のフリーランスの翻訳家で、年収は500万円程度。彼ほど立派な学歴があるわけではないものの、仕事柄話題が豊富で魅力的な女性です。

こんなふたりが出会って恋をして、結婚を見据えて同棲をはじめました。彼女の友達は、そろって「羨ましい」と言ったそうです。

一緒に暮らしてみると、彼は家事が得意で料理もうまく、彼女が仕事で忙しい時期にはあれこれ世話を焼いてくれました。条件的にすばらしいだけでなく、夫としても理想的な男性だということがわかったのです。

いっぽう、彼女のほうは家事が苦手なので、家のことは彼に任せることになります。彼女は仕事に集中できて大助かり。ふたりは幸せに……

というわけにはいきませんでした。結局、半年もしないうちに女性のほうから「あなたは私がいなくても大丈夫だから」と、別れを切り出したそうです。

何の問題もない理想的な彼氏をどうして振ってしまったの？　と不思議に思うかもしれませんが、完璧な男性だからこそ、彼女は彼の元を去ったのです。

たしかに、学歴も年収も高く、家事もできて優しいなんて、夢のようにすばらしい男性です。ですが、そんなに完璧な人が隣にいると、人はつい自分と比べて「私なんか……」と落ち込んでしまいます。

そこで、じつは彼が掃除が苦手だったり、料理がまったくダメだったりして、彼女に「この人は私がいないとダメだな」と感じさせることができればよかったのですが、「残念ながら」彼が完璧だったために、そうはなりませんでした。

「この人は私を必要としていない」と感じて、心が離れてしまったのです。相手に支えさせる隙を見せないと、相手も自分も不幸になってしまいます。

□「支えさせてあげる」ことが大事

先ほどの例は人間関係に「ギブ・アンド・テイク」が必要ということがよくわかる

エピソードですが、日本には理想的な人間関係を表すのにぴったりな言葉がありま
す。

それが**「持ちつ持たれつ」**です。

相手のことを「持ちつ」、自分のことも「持たれつ」が基本。つまり、**支えてあげるだけではダメで、ある程度は「支えさせてあげる」ことが大切なのです。**

彼が完璧でなければ、と言いましたが、「完璧でないように演出できる」なら、実際は完璧でもいいのです。

たとえば私の知り合いの経営者に、非常に有能な人物がいます。ですが、彼は会社では社員に「事務処理関係のことは苦手なんだ」と言って、経理などの事務作業をまわりの人間に任せています。

もうおわかりだと思いますが、じつは彼は事務処理が苦手でも何でもありません。ですが、会社では「事務処理が苦手だ」ということで、社員に「やってもらう」ことにしているのです。

つまり、本当に「できない人」である必要はなく、**「弱く見せる」ことさえできればいいということです**。

すると、有能な社長に少しでも認められたい社員たちは、社長が苦手なことを自分たちがカバーしようと頑張って事務処理を「やってくれる」ようになります。

そこで社長が「僕が苦手なことをやってくれて本当にありがとう。すごく助かったよ」と言えば、完璧です。

社員たちは「あの有能な社長の役に立った」「認められた」と承認欲求が満たされますし、もっと認められたいと仕事そのものに対するモチベーションも上がるでしょう。

社長自身は事務処理関係の作業から解放されて、また別のことをする時間ができます。新しい事業を考えたり、人脈を増やしに出かけたり、趣味に時間を割いたり……。**「やってもらう人」になる、他人に何かを任せるということは、人を育てることにもつながり、お互いにとって幸福な状況ができあがるのです。**

さらに、能力の高い人がこの「ルール2」を実践すると効果が倍増します。

「あんなにできる人が、じつはできないことがある」と思わせるのです。そんなことをしたら相手になめられてしまうんじゃないかと心配になるかもしれませんが、そんなことはありません。

相手は、あなたが完璧でなかったことに安心して、心を開いてくれるはずです。ギクシャクしていた人間関係は良好なものになります。そして、自分の能力であなたの苦手な分野をサポートしようと頑張ってくれるはずです。

相手の頑張りに対してあなたがきちんと感謝の気持ちを表せば、「自分の能力が有能な人を助けた」と感じて、相手は精神的な充足感を得ます。

それは、能力的に未熟な新人から頼られるより、よほど高い満足感になります。

ここで間違えてはいけないのは、「やってもらって当たり前」とは思わないということです。

たしかに、仕事上の上下関係で言えば、社長が頼んだ仕事を社員がするのは当然のことかもしれません。ですが、そこで「よくできてるね」と言うのは、アドラー心理学でも決してしてはいけないことだとされています。

なぜなら、そこに相手を評価するニュアンスが含まれているからです。アドラー派の考え方では、褒めることと叱ること＝「賞罰教育」は禁じられています。

褒めたり叱ったりして育てられた子どもや部下は、褒められなければやらないし、叱られなければ何をやってもいいと思ってしまうからです。

そうすると、親や上司、学校の先生がいないところでは何もしない人になってしまいます。それは、結局のところ他人を自分に依存させることにしかなりません。

他人に何かをしてもらったときの正しい反応は、「助かったよ、ありがとう」です。

つまり、上から目線ではなく**「横から目線」**。

「私はあなたを必要としています。本当にありがとう」と、感謝の気持ちを伝えるのです。これをアドラー心理学では「勇気づけ」と呼びます。

そうすることによって人は自己重要感を高めることができますし、モチベーションもわいてきます。

□ダメなところを見せて「共感」を得る

「強がらない」ことの大切さについてご説明してきましたが、これらはすべて私自身が実践できなかったことでもあります。

もちろん私は完璧な人間ではないのですが、「メンタリスト」という仕事柄、人の心を読めて、自在に操れて、何ならスプーンをグニャグニャに曲げるようなパフォーマンスもできる「すごい人」というブランディングでテレビに登場しました。

結果的に、メンタリストＤａｉＧｏはあまり人間味がない人物として世のなかの人に知られてしまったのです。

すると、私に対して「すごいな」と感じる人はいても、「好きだ」と思ってくれる人はあまりいません。人間味がないせいで、共感できず、それ以上の思い入れをもって見ることができないのです。

そうなると、なかなか人気はついてきませんし、親しい友人もできません。メンタリストとして、こういった心の仕組みはよくわかっていたはずなのに、大失敗です。

いっぽう、世間で愛されているタレントさんたちを見ていると、みなさん非常に人間味があります。スタイルがよくて見た目は完璧なのに「ちょっとおバカ」だったり、大スターほど世間の常識をまったく知らなかったり。

少しダメなところを見せることで、憧れの対象ではなく、共感して「好き」になることができるのです。

ある意味で、憧れの対象になった人の最終形態がイエス・キリストです。
自分とは住む世界が違うすごい人。すごい人の近くにいると、人は否応なしに自分の無力さを実感させられます。

誰にでもできないことがあって当然なのですが、それを四六時中感じていなければならない状態というのはある種の拷問です。そうすると、どんなに優れた人物でも「そんな人の近くにはいたくない」と感じて、人は離れていってしまいます。それどころか、はじめから近づいてきてくれる人もほとんどいません。結果的に、人間関係が育めない孤独な人になってしまいます。

また、完璧すぎる人は周囲に劣等感を与える可能性もあります。
本来なら、そんなスーパーマンは職場の人気者になってもいいはずなのに、ただただ完璧な人だと、まわりに無力感を覚えさせる「お荷物」になってしまうのです。これはあまりに残念です。

「持ちつ持たれつ」が人間関係の理想です。あなたはちゃんとまわりの人に「持たせて」あげているでしょうか。

両手に抱え込んでいる荷物をひとつ「私には重くて持てない」と他人に渡すことで、自分の負担は軽くなり、まわりの人も幸せになります。

自分の弱さを見せる、実際の自分より弱く見せることで、まわりと一緒に成長していける本物のヒーローになりましょう。

ルール 3 頼まない

「やってもらえる人」になるための最後のルールは「頼まない」です。

「尽くしてはいけない」「強がってはいけない」というところまでは何とか私の話を飲み込んでくださったみなさんも、さすがに「頼んではいけない」と言われては、納得できないかもしれません。

「こちらが頼まないのに、何かやってくれる人などいるはずないだろう」と思っているかもしれませんね。普段、みなさんが他人に何かをやってもらう場合には、「〇〇をしてください。お願いします」と正攻法で頼んでいるのだと思います。

もちろん、「やってください」と丁寧にお願いすれば、簡単なことならやってもらうことができるでしょう。ですが、彼女に100万円の時計を買ってもらいたいと思ったら、どうですか？　友達に休日をつぶして引越しの手伝いをしてもらいたいと思ったら、どうでしょうか？

そもそも何の見返りもなく「お願い！」と頼むのは気が引けるし、相手にお金がなかったり、忙しかったりすれば、簡単に断られてしまうのではないでしょうか。「そんな無茶な頼みごとをしてくるなんて、面倒なヤツだな」と思われて、嫌われてしまう可能性もあります。それでは、私がお話ししてきた「まわりにいろいろやってもらうのに、なぜか愛される人」という定義とはかけ離れてしまいます。

みなさんが目指しているのは、「やってください」とお願いする人ではありません。「この人のためにやってあげたい」「この人のために何かやってあげると気分がいい」と思わせる言動ができる人です。

頼まれたわけでもないのに自分が勝手にやってあげた、という事実があればこそ、人は「これだけやってあげたのだから、自分はこの人のことが好きなのだろう」と、脳内で認知的不協和の解消を行うのです。

また、自分から進んでやってあげたことに対しては、見返りを要求することもできません。だからこそ、「まわりに（たいしたお返しもせずに）いろいろやってもらうのに、なぜか愛される人」になれるのです。

つまり、何かしてもらいたいことがあるときに、「お願い！」という言葉を使うのはご法度《はっと》だということです。

□相手の望む未来を「暗示」してあげる

では、具体的にはどのようにすれば「この人のためにやってあげたい」と相手に思わせることができるのでしょうか。

そこで参考になるのが、「貢いでもらう側」の人たちです。

たとえば私の知り合いに、付き合っている彼氏にバイクを買ってあげたという女性がいました。バイクは、安くても数十万円はする高価なものです。そんなに高いものを付き合って間もない彼氏にプレゼントをするなんて馬鹿げている。そんなものをねだる男なんてロクなものじゃない、と彼女は友人たちから散々非難されることになったのですが、「彼氏にねだられたわけじゃない。私が勝手に買ったの」と言って彼女は彼氏のことをかばいます。

では、彼氏が「買って」と言っていないのなら、彼女はなぜそんなに高価なものを買ってしまったのでしょうか？

聞いてみると、彼氏は「買って」と彼女に言う代わりに、こう言ったそうです。

「バイクがあったら、きみを後ろに乗せていろんなところに行けるのにね」と。

その一言で、彼女は彼氏とバイクに乗って出かける光景を想像します。

しかし、運転免許を持たない彼女は、自分でバイクを運転することができません。

恐らく彼女は心のなかでこのように考えたのではないでしょうか。

「彼氏が運転するバイクに乗せてもらうのは、どんなに楽しい経験だろう」

「そういえば、新しくできたアウトレットに行きたいね、ってふたりで話してたっけ」

「バイクさえあればその楽しいデートが現実のものになるのに」

「でも、彼氏にはバイクを買うお金はなさそうだ」

それなら……

「私が買ってあげようか？」

「え、いいの？　ありがとう！」


彼女がどのようにして「勝手に」「自分から」「進んで」バイクを買ってしまったのか、目に見えるようですね。

貢がれる側の人たちは、自分の弱みを見せるのも上手なので、「あまりお金がない」という情報もちゃんと彼女には伝わっています。

「転職してやっと憧れの職業に就いたんだけど、まだ半人前だからお金はないんだ」などと告白されていれば、「私が彼の足りないものを補ってあげたい」と彼女が感じるのは自然な流れでしょう。

バイクを買ってあげた結果、彼から感謝されれば、自己重要感も高まります。すると、また何か頼まれたくなって……。

彼女がそうだとは言いませんが、「ダメ男」にハマる女性は大抵このパターンです。

逆に、このとき彼氏が「バイクを買って」と頼んでいたら、彼女はきっと断っていたと思います。付き合って間もないのにそんなに高いものを要求してくるなんて、どういう考え方をする人なんだろう。私のお金が目当てなのかもしれない……。

ストレートにお願いした場合、彼女のなかで悪い想像ばかりが膨らんで、もしかしたらふたりの間に溝が生まれていたかもしれません。

「お願い」と言わずに相手が望むビジョンを暗示し、イメージをさせるのは、相手を

「やってあげたい」という気持ちにさせるひとつのテクニックです。

彼女の「大好きな彼氏のために何かしてあげたい」という思いと、「彼氏と楽しいデートがしたい」という欲望が重なって、「バイクを買ってあげる」という行動となって現れたのです。

詳しくはPART3でご説明しますが、「やってあげたい」と思わせるための方法はそれだけではありません。

そもそも人は、好きな人のためには「何かやってあげたい」と感じる生き物です。そのため、家族や恋人、友人などのすでに親しい間柄であれば、何も言わないことこそが「やってあげたい」と感じさせる引き金になります。

たとえば、誕生日が近いのに彼女が何もねだってこない。もうすぐクリスマスなのに、娘が何もほしいものを言わない。すると、彼氏や家族は「どうしたの?」「何がほしいの?」と聞いてくるはずです。お願いされて当然だと思っているタイミングで何も言われないと、「やってあげたいのに、どうして何も言ってこないのだろう」と心配になって、自分から「何がしてほしいの？」と聞きに行ってしまうのです。

これは私にも経験があります。まったくワガママを言わない恋人に対しては、逆にいろいろやってあげたくなるものなのです。

すると、自分から「何でもほしいものを言ってみて」と言った手前、あとで「（高いから）それはダメ」とはなかなか言えません。

人は、本能的に自分の言動に一貫性を維持したがる生き物でもあるからです。

みなさんはきっと、自分から「あれ買って！」とお願いした場合よりも、簡単に自分のほしいものを手に入れることができるでしょう。心配させたうえでの沈黙も、相手の「やってあげたい」を引き出すのに有効だということです。

ストレートにお願いするのではなく、自分がしてほしいことを相手にうまく暗示して、そのエサにしっかり食いついてもらうこと。相手に「やってあげたい」と思わせるには、ちょっとした仕掛け＝「トラップ」が必要だということを理解していただけたでしょうか。それこそが、ＰＡＲＴ３でご紹介する具体的なテクニックのお話です。

「やってもらえる人」になるための３つのルール。

・尽くさない
・強がらない
・頼まない

ＰＡＲＴ２で、みなさんの「やってもらえる人」になるためのマインドセットは完了しました。ここまでくれば、最初に抱いていた「やってもらう」ことへの抵抗感はほとんどないはずです。私の話を聞いているだけで、みなさんは少しずつ「やってもらう人」のマインドに変わってきているからです。

もう一度だけ３つのルールを反芻《はんすう》したら、いざ次のＰＡＲＴへ。まわりの人が自分の思いどおりに動く、「メンタリズム」の醍醐味を感じてください。

COLUMN

対面、電話、メール……どう使い分ければいい？

彼氏や彼女と喧嘩をした翌日。仲直りするつもりでいたのに、会ったらまた喧嘩になってしまった……。こんな経験、みなさんにもありませんか？

「何でも直接会って話したほうがいい」とは一般によくいわれることですが、じつはそうとも限りません。この本のテーマともいえる「お願い」というやりとりにおいては、はたしてどんなコミュニケーション手段が有利なのでしょうか。まずはそれぞれの特性をお話ししていきます。

感情を伝えるには対面、電話
戦略的に「お願い」するにはメール

たとえば対面でのコミュニケーションは、「感情が伝わ

りやすい」というメリットがあります。言葉だけでなく、そのときの口調や表情、しぐさなど。みなさんは数十年間「人間生活」を続けている、いわばコミュニケーションのベテランです。メンタリストのように細かく分析することはなくても、それだけの材料があれば大抵の感情は読み取れますし、感情に訴えることで相手を説得しやすくなるケースもあるでしょう。

ですが、それは逆に「本心がバレやすい」というデメリットにもなります。冒頭の喧嘩の例でいえば、きっと前日の喧嘩で感じた腹立たしさや苛立ちがお互いにまだ収まっていなかったのでしょう。

それを読み取り合ったせいで、また喧嘩になってしまったのです。何か難しいお願いごとをする場合は注意しないと、「言いにくそうにしているということは、何かあるな」などと本音を悟られてしまうケースもあります。

電話は、表情やしぐさなどが見えないぶん、「感情の伝わりやすさ」というメリットも「本心のバレやすさ」というデメリットも、対面よりは少ないということになります。

いっぽうメール（この場合は、LINEなどのSNSと比較するため、PCでやりとりする比較的長文のメールを想像してください）は、「冷静にやりとりできる」というメリットがあります。

それは「感情が伝わりにくい」「誤解されやすい」「工夫しないと冷たく見えてしまう」というデメリットでもありますが、フェイスブックなどのSNSで相手の嗜好《しこう》をリサーチしつつ、相手に気持ちが伝わる文章を書くという合わせ技ができるなら、かなり強い武器にもなります。

なぜなら、メールであれば、対面や電話と違って即答する必要がないからです。時間を使って「お願い」の戦略を練ることができるのです。

「イエス・セット法」が自然に使えるのも、メールのメリットです。「イエス・セット法」とは、精神科医ミルトン・エリクソンの催眠療法から生まれたコミュニケーションのテクニック。相手から必ず「YES」という返事がもらえそうな質問を3つ用意して、それを会話のなかに織り交ぜていきます。

たとえば1回目「最近本当に暑いですね」「そうですね」
2回目「夏本番って感じがしますよね」「本当ですね」
3回目「とくに今日は暑いですね」「たしかに」
そして、4回目以降で「こんな日にはビアガーデンにでも行きたいですね」もしくは「海なんか行ったら気持ちいいでしょうね」「今度一緒にどうですか？」と、本当に「YES」と言わせたい質問やお願いごとをするのです。すると相手は、反論したり断ったりすることが難しくなり、引き受けざるを得なくなります。

本編でも何度かご説明しましたが、人には「一貫性の法則」があります。そのため、何度も「同意する」「共感する」という作業を繰り返していると、脳が「断る」「反論する」という行為にストレスを感じて、否定的な対応ができなくなるのです。

メールは、対面や電話と違って一度にすべての情報を伝える必要がありませんから、情報を小出しにするだけで「イエス・セット法」を簡単に取り入れられるのです。

ちなみに、LINEは「感情の伝わりやすさ」や「やりとりをしながら調べられる情報量の多さ」としてはメール寄りですが、やりとりのテンポとしては会話寄りです。うまくどちらのメリットも生かすことができれば、最強の武器にもなります。

対面、電話、メール、LINE……とせっかくたくさんのコミュニケーション手段があるのですから、場面によってうまく使い分けていきましょう。

PART 3

やってあげたいと思わせる7つのトラップ

「相手の「やってあげたい」を引き出す仕掛け」

大切なことなので何度も言いますが、人間関係をもっと楽にして、愛される人になるには、「やってあげる人」を卒業して、「やってもらう人」になる必要があります。

そのためにPART2では、相手にやってもらうための心理術の核となる、「尽くさない」「強がらない」「頼まない」という3つのルールをご紹介しました。これで、みなさんの「やってもらうこと」への抵抗感はなくなっていることでしょう。

自分はやることが減って楽になり、相手は「自分は必要とされている」と感じて自己重要感が満たされる、お互いにメリットがあることなのですから当然です。「やってもらう人になる」というマインドセットは完了したという前提で進めていきます。

さて、PART3ではメンタリズムを応用して、相手を自分の意のままに動かす＝「やってもらう」テクニックをご紹介します。

とくに重要なのは、**「面倒くさいなぁ」と思いながら嫌々「やってもらう」のではなく、「やってあげたい」と思わせて、実際に行動させることです。ストレートにお願いするのではなく、自分がしてほしいことを相手にうまく暗示して、そのエサにしっかり食いついてもらうこと。**

このテクニックは、相手の行動を自然に引き出すためのちょっとした仕掛け＝「トラップ」ともいえます。

みなさんが仕掛ける7つのトラップは、以下のとおりです。

トラップ1　先手を打つ
トラップ2　相談する
トラップ3　お世辞を言い切る

トラップ4　自分の分担をアピール
トラップ5　曖昧《あいまい》にお願いする
トラップ6　過去を引き合いに出す
トラップ7　急に黙る・目をそらす

読んだだけでは何の意味があるのかわからないトラップもあるかもしれませんが、これからひとつずつ具体的な例を挙げて説明していくので、安心してください。どれも難しいことではありませんが、簡単に実践できる順に紹介していきます。

興味があるものから読みはじめるより、トラップ1からひとつずつクリアしていったほうが、テクニックとしては習得しやすいでしょう。

また、「7つもあるのか……」とげんなりする必要もありません。**これらのトラップは、組み合わせて使うことでより強大なパワーを発揮するものではありますが、ひとつでも相手に対して十分な効果があるものばかり。**

相手に刺さりやすい適切なトラップをひとつ仕掛けることができれば、それだけで必ず「やってもらう」ことができるのです。

さらに、人には「話し方の癖」のようなものがあります。「やってもらう人」になるためにこれらのトラップを意識的に使っていくと、いつかは自然にトラップを仕掛けられるようになります。

つまり、どんどん使っていくことで、みなさんの話し方は「やってもらう人」特有のものになり、意識しなくても「ついやってもらってしまう」ようになるのです。

そして、そうなる頃にはきっと、今抱えている人間関係の悩みはほとんどなくなっているのことでしょう。自然に「やってもらう」ことができる人は、まわりに愛される人でもあるからです。

こう言われると、「7つのトラップ」を習得したいという気持ちがむくむくとわき上がってきませんか？　ぜひ、その高いモチベーションはそのままに、ページを読み進めてください。

トラップ 1
先手を打つ

相手に「やってあげたい」と思わせるためのひとつめのトラップは「先手を打つ」。つまり、「先にやる」ということです。

「やってもらう」ためのトラップのひとつめが「先にやる」だなどと言うと、「私がやってあげるの？　やってもらうんじゃなかったの？」と混乱する人もいるでしょう。みなさんの誤解を解くために言いますが、この本は「すべてを他人にやってもらうための本」ではありません。

相手に今まで以上にやってもらうことで、自分の負担を軽くして、結果的に好かれる人になるのが目的です。ですから、少しはやってあげても問題がないのです。それは「尽くす」こととも違います。

□5倍のレートでお返しがある

そして、「先手を打つ」ことのすごさは、**どんなに小さいことでも自分が「やってあげて」から相手にお願いすることで、平均して5倍のレートでお返しがあったという実験結果からもわかります**。単純に考えれば（もちろん、厳密に正しいわけではありませんが）相手にひとつしてあげれば、5つ自分のお願いごとを聞いてもらえるのですから、差し引き4。結果的に、自分のやることは少なくなっています。

これは、投資で考えるとすごいことです。1万円の投資をすれば、5万円になって返ってくるのです。そんなに割のいい投資なら、先にやらない手はありません。

交渉でもお願いでも、先手が有利にならない状況は世のなかにほとんどありません。それには、私たちの「何かしてもらったら、お返しをしなくてはいけない」という強い思いが関係しています。ロバート・チャルディーニ博士の『影響力の武器』という著書のなかでも、このことを痛感させられるエピソードが紹介されています。

ある心理学の実験に、2人の被験者が参加しています。2人のうち一人は実験者の協力者です。そして、休憩時間中に協力者が被験者に「飲み物を買ってきたから飲まない？」と言って、10セントの缶コーラを渡すのです。当時はコーラがたった10セントで買えたんですね。

実験が終わったあと、協力者は被験者に「今、自分はくじを売っているんだ」と話しかけます。そのくじは、車か何か、豪華な賞品が当たるくじだ、と。そして、そのくじを一番多く売った人には報奨金が出ることになっていて、自分は今それに挑戦していると伝えます。そして、「よかったら買ってくれない？　たくさん買ってくれるぶんには嬉しいけど、全然無理する必要はないよ」とやわらかく打診します。

すると、コーラをもらった被験者は、平均して50セント分のくじを買いました。10セントのコーラに対して、50セントのくじ。これこそ、先ほど説明した5倍のレートです。
当然、コーラをあげた場合とあげなかった場合で比べると、コーラをあげた場合のほうが買ってくれる率そのものが高かったのですが、ここから先がもっと重要です。

じつは、コーラをあげなかった場合は、協力者がいい人（に見えた）かどうかが大きく関係したのです。協力者が魅力的に見えればくじが売れましたが、「あまり好きじゃない」と思われていた場合は、くじを売ることができませんでした。

ところが、くじを売る前にコーラをあげていた場合は、協力者に対してあまりいい印象を抱いていなくても、多くの被験者がくじを買うという結果になったのです。

つまり、先手を打つことは「好き嫌い」という非常に高い壁まで越えてしまうということ。「何かしてもらったら、お返しをしなくてはならない」という私たちの思い込みは、それほど強力だということです。

言い換えれば、**あまり人間関係が育めていなかったり、嫌われているなと感じてい**

る場合こそ、先手を打たなくてはいけないということです。

初対面の人や嫌いな人からストレートにお願いされても、「ＮＯ」と断ることができます。街で急に「助けてください」と言われても、面倒な話かもしれないと警戒して断る人がほとんどでしょう。

ですが、相手が自分のために先に何かをしてくれると、途端に断りづらくなります。どんなに「嫌な人だ」と思っていても、心理的に自然とそれくらいのお返しをしてしまうのです。

「あの人は嫌な人だから」と言って避けていると、相手に先手を打たれて、みなさんのほうが5倍のレートでお返しをしなくてはいけなくなります。

何をするときでも、後手《ごて》に回ったら負けだと肝に銘じましょう。

私たちを縛る「お返し信仰」は思っている以上に強力です。**私たちは、どんなに小さな先手でも見つけて「お返しをしなくちゃいけない」と思ってしまいます。**

好き嫌いを超える「先手」の重要性

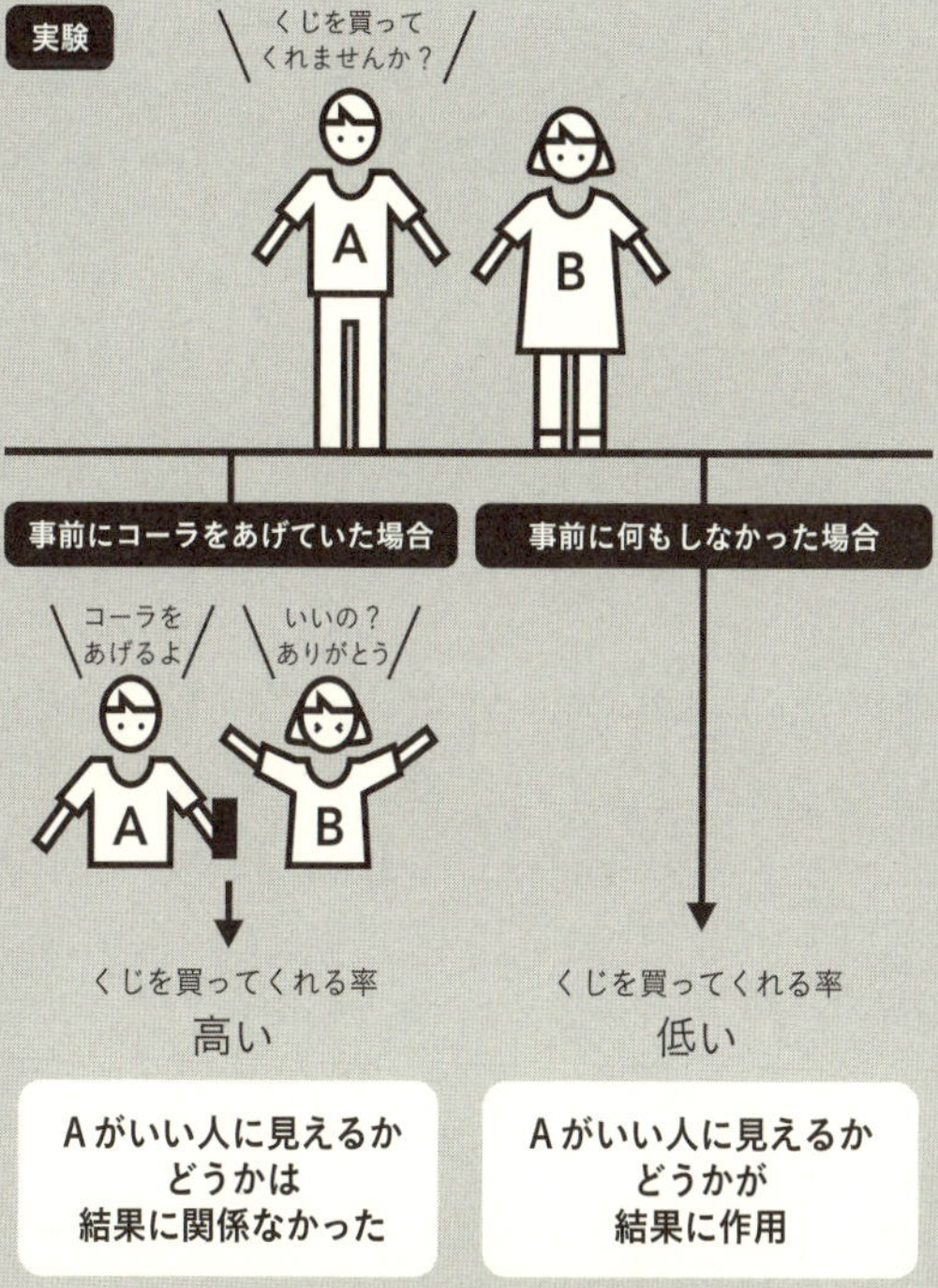
実験
くじを買って
くれませんか？
A
B
事前にコーラをあげていた場合
事前に何もしなかった場合
コーラを
あげるよ
いいの？
ありがとう
くじを買ってくれる率
高い
くじを買ってくれる率
低い
Aがいい人に見えるか
どうかは
結果に関係なかった
Aがいい人に見えるか
どうかが
結果に作用

メンタリズムのPOINT

**「何かお返しをしなきゃ」という感情は、
お返しする相手のことを好きか嫌いかに関係がない**

□スマイルマーク、一言付箋《ふせん》で十分

たとえば、こんな実験があります。

アメリカなどではチップの文化があります。ウエイターやウエイトレスの基本給は非常に低く、ほぼチップで生活している人もいるほどです。レストランなら「料金の1割程度」など大体の目安はあるものの、チップの額はお客様の自由。

ですが、お客様に伝票を渡すとき、伝票の端にスマイルマークやお客様の似顔絵を書き添えてみます。すると、平均的にチップの額が上がったのです。

サービスの質とはまったく関係のない部分なのに、多くのお客様が「お返しをしなくちゃいけない」と感じたということです。

これは、日常生活でもすぐに使えるテクニックです。

たとえば同僚に資料を渡すとき、かわいい付箋に「頑張ってください！」と書き添えてみる。上司に資料を渡すとき、やはりかわいい付箋を貼って「お願いします！」

と書き添える。その一言があるだけで、まわりの対応はガラリと変わります。同僚は残業を手伝ってくれるかもしれないし、上司はあなたの資料から先に目を通してくれるかもしれません。

「先手」とも思えないようなほんの些細なことをするだけで、みなさんの生活はグッと楽になります。

何ごとにおいても先手を打つことで、まわりの人から5倍のお返しを受け取りましょう。相手に何かをしてもらうために、「それと同じくらい大変なこと」をしてあげる必要はありません。

ほんの小さなことを「先にやる」だけで、すべてがうまく回るようになります。

トラップ2 相談する

「ちょっと聞いてもらっていいですか?」と言われて仕事の相談を受けたら、いつの間にか「手伝ってあげるよ」と言っていた。
または、「恋愛相談に乗ってくれない?」と言ってきた女友達の「恋のキューピッド役」をすることになってしまった……。

みなさんも、「相談」をきっかけに何かの手伝いをさせられたり、大役を任されたりした経験が一度くらいはあるのではないでしょうか。PART2のルールとして、「強がらない」「弱みを見せる」ことの大切さを説明しましたが、「相談する」という2つめのトラップはその具体的なテクニック。「上手な弱みの見せ方」だと思ってください。**うまく自分の弱い部分、苦手なことを相手に伝えることができれば、必ず相手はあなたのやってほしいことを「やってくれる」ようになります。**

□まずはアドバイスを求める

何か人に助けてもらいたい場合、ストレートに「お願いしたいんだけど」と言わず、まずは「相談したいんだけど」と言ってみる。

「お願い」と言われると「面倒なことを頼まれるかもしれない」と警戒する人もいますが、「相談」であれば意味のうえでは「聞く」だけです。気分的なハードルが下がるので、極端に厄介ごとを嫌う人でもなければ、きっと相談に乗ってくれるでしょう。

そこを突いて、「助けてあげたい！」という気持ちにさせ、最終的には「やってあげるよ」という言葉を引き出すのです。

そもそも「自分の弱みを見せる」という行為は、じつは意外に難しい芸当です。みなさんも、急に「私って全然○○ができなくて……」などと友達が言い出したら、内心「面倒なヤツだな」「慰めてほしいのかな」と感じるのではないでしょうか。

ツイッターなどで急に「ダメ人間だー」などとつぶやく女子に対して、「うわ、構ってちゃんだ！」と苦笑した経験がある人もいるでしょう。自虐ネタを連発する女性に対して「イタいな」と感じたことがある人もいると思います。

弱みを見せるとはいっても、出し抜けにただ弱みを垂れ流すのでは、あまりいい結果は生まれません。相手をその気にさせるには技術が必要なのです。


あまり自分の弱みを見せた経験がない人は、**まずはアドバイスをもらうところからはじめるといいでしょう。**

最終的には「やってもらう」ことが目的なので、何に対するアドバイスでも構いませんし、じつはアドバイスの質も関係ありません。つまり、役に立つアドバイスが引き出せなくてもいいのです。

たとえば、「私、明日プレゼンなんです。いつもどうしても緊張しちゃうんですけど……。先輩は大きなプレゼンをたくさん経験されていると思うので、アドバイスをもらえませんか？」という具合です。

すると、先輩のほうも「かわいい後輩だな」と思いながら「こうするといいよ」と何らかのアドバイスをくれるでしょう。ちなみに私はこの手の相談を受けたとき、いつも「どうでもいいや」と思えば大抵うまくいきますよ、とアドバイスしています。

適度に肩の力を抜くと、ちょうどいい感じに「自分らしさ」「人間味」が出て、相手の心に響くプレゼンができます。緊張してプレゼンをしたときとは違い、「つくり込んだ感じ」がなくなるのです。これは就活などの面接にも通じます。

さて、その場では誰でも「アドバイスしていただいて、ありがとうございます」とお礼を言いますね。重要なのはここから先です。翌日、プレゼンが終わった直後に、電話でもメールでもＬＩＮＥでもいいので「先輩のアドバイスどおりにしたらうまくいきました。ありがとうございます！」と、**「あなたのアドバイスを実践しましたよ」という報告とともにお礼を言います。**

すると、相談された側には「後輩を助けた」という自覚が芽生えます。その結果、「助けた相手を好きになる」という心理が働き、「自分は必要とされている」と自己重要感も満たされます。そして、また「アドバイスをください」とお願いして、「ありがとうございます！　うまくいきました」という報告&感謝。

これを何度か繰り返せば、「相談したいんですけど」というキラーワードを使わなくても、相手は必ず「やってあげるよ」と言ってきます。

「もっと感謝してほしい」

「必要とされたい」

という心理から、あなたに対して何かをやってあげたくなってしまうのです。

具体的に何かしてほしいことがある場合は、この流れを繰り返して「やってもらう」ための土台づくりをしてから、「ちょっとご相談があるのですが……」と切り出して、あなたがしてもらいたいことを伝えましょう。口では「仕方ないな」などと言うかもしれませんが、相手は嬉々としてあなたの手伝いをしてくれるはずです。

ちなみに、政界の有名人・小泉進次郎さんも、知ってか知らずかこのテクニックを使って、先輩議員からかわいがられているそうです。彼は、目上の政治家に会うと「○○先生のことを僕は本当に尊敬しています。先生が読んで感銘を受けた本を貸してください」と言うのだと聞いたことがあります。

これは、政治家でないみなさんにとっても非常に使えるテクニックです。単純に、本を返すときにまた会えるというメリットもありますし、「尊敬しているあなたに本を借りたい」というのは、「あなたのそのすばらしい人格をつくった知識の源を教えてください」という意味になります。つまり、相手にアドバイスを求めるのと同じような効果があるのです。（実際に進次郎さんがこう言っているかはわかりませんが）本を返すとき、「大変勉強になりました。ありがとうございます」と報告&感謝をすれば、相手はすっかりあなたの虜です。会社の上司など目上の人に対して、一度試してみてはいかがでしょうか。

□恩は売るより「買う」べき

相手が先輩や上司など年上のケースを例にしましたが、これは年上の相手限定で使えるテクニックというわけではありません。むしろ、相手が後輩や部下など年下の場合に、より強力な効果を発揮するテクニックです。

というのも、**人は強い人に自分の弱さを見せられて、それを助けた場合、自分より弱い立場の人の助けをしたときよりも強い自己重要感を覚えるからです。**「こんなにすごい人（年上の人）が目下の自分を頼ってくれた！」と感動するのです。

たとえば相手が会社の部下だった場合、「じつはオレ、メンタルが弱くて料金の交渉って苦手なんだよね。仕事だからやってるけど、いまだに毎回心が痛くてさ。お前は若いのに、どうしてそんなに堂々としていられるの？」などと「相談」します。

自分より若い後輩からためになるアドバイスが得られるかはさておき、「お前に言われたとおりやってみたら、ちょっと心が軽くなったよ」「助かった」などと報告&

感謝をすれば、部下は必ず自己重要感を覚え、自信をつけていきます。

そして、「もっと頼られるために頑張りたい」と努力することでしょう。少したてば自分から「料金交渉は自分がやりますよ」などと言ってくるはずです。

みなさんは交渉に手こずらされていた時間を自分のために使えるようになりますし、部下の営業スキルも上がっていきます。上手にアドバイスを引き出すことは、人を育てることにもなるのです。

そうはいっても、「オレがいないと会社が回らない」などと言って、いつまでもプレイヤーでいたがる経営者は多いもの。

ですが、私はいつも経営者の方に「**経営者の仕事は、最終的には自分をクビにすることです**」という、アメリカのマーケターのダン・ケネディ氏の言葉をお話ししています。経営者がずっと会社にいすわっては、会社のためにはなりません。自分が何もしなくても会社が回っていくシステムをつくるのが経営者の役目。100年以上続く企業を見てください。

当然のことですが、創業者はとっくの昔に亡くなっています。それでも会社は続いていて、利益を出して、社会に価値を提供し続けています。経営者が目指さなくてはいけないのはこの形です。

「自分がいないと……」と思っている限り、自己重要感は満たされるので、自分は満足できるでしょう。自分でつくった自分の城（＝会社）で、好きな仕事をして、社員みんなから頼られる。たしかに最高の環境です。

しかし、経営者として成功したいなら、社員にいろいろなことを相談して、上手に自分の弱みを見せていかなくてはなりません。

「やってもらう」ということを「おんぶに抱っこは、よくないことだ」と思っている限り、自己重要感を満たすために自分の手を動かしてしまいますが、必要なのは「やってもらう」ことを悪いと思わないマインドセットです。

部下を育て、会社を大きくするために**「やってもらってあげる」というくらいの気持ちでいれば、自己重要感が下がることも、プライドが傷つけられることもありませ**

ん。経営者に限らず上の立場にいる人は、感謝だけは忘れずに、どんどんやってもらう方向へシフトしていきましょう。

相談を持ち掛けて、相手のアドバイスを引き出して、報告&感謝。これを繰り返すことで、自然に「やってもらえるループ」ができあがります。

いろんな人に対してこれを行えば、みなさんはもう今後一切「お願いします」という言葉を使う必要はありません。あえて貸しをつくる「恩を売る」という言葉がありますが、本当にやるべきなのは、あえて借りをつくる「恩を買う」ことです。

それなのに「やってもらえるループ」ができていないとしたら、みなさんの報告と感謝が足りていないのでしょう。感謝の言葉があってこそ、あなたを助けた相手は自己重要感を覚えます。

少しオーバーなくらい「〇〇さんのおかげで本当に助かりました！ ありがとうございます」と言い切ってください。そうすれば、必ず「やってもらえるループ」に突入します。

トラップ 3

「お世辞を言い切る」

みなさんは上司にお世辞を言う人についてどう思いますか？　きっと、「媚びているようで嫌だな」「歯の浮くようなことばかり言ってご機嫌をとっちゃって……」と、あまりよく思っていないのではないでしょうか。

トラップ２「相談する」とも少し関連する話ですが、３つめのトラップは「お世辞を言い切る」です。意外に思われるかもしれませんが、この行為によって「やってあげたい」と相手に思わせるカラクリについて、じっくりご説明しましょう。

そもそも、みなさんはきちんとお世辞を「言い切って」いるでしょうか？

自分ではそのつもりかもしれませんが、私に言わせれば大半の人がお世辞を「言い切る」ことができていません。

たとえば、お洒落《しゃれ》でも何でもない野暮ったい服装の上司に対して、「○○課長はいつもお洒落ですね」と言うとします。すると、上司のほうも「自分がそんなにお洒落ではない」という自覚はあるので、「そんなことないよ」と言うでしょう。

そのあとが大切です。みなさんは何と返しますか？

たぶん、「いやいや……」などと言ってお茶を濁すだけで、もう一度「何を言っているんですか。課長ほどお洒落な人はいませんよ！」とお世辞を上塗りすることはしないでしょう。大抵の人がそこでやめてしまいます。そもそも事実とは違うことなので、心苦しい気持ちもあるのでしょう。相手に否定されると、そこでお世辞を言い切ることを諦めてしまうのです。

すると上司は、「あぁ、やっぱりお世辞で言っていたんだな」とがっかりします。

人は本能的に他人から褒められたい、認められたい生き物なので、どんなに「自分はお洒落ではない」と思っていても、「褒められたことが現実だったらいいのにな」という気持ちが勝つのです。

つまり、「そんなことないよ」というのは否定ではなく、謙遜であり、確認だということです。「あなたは本当にそう思っているの？　本当だったらいいんだけど」という意味なのです。そう思っている相手に対して、一度言ったお世辞を取り下げるのは失礼です。自信を持って「本当ですよ」と言い返してあげましょう。

□「褒められたい」「認められたい」人間の本能

といっても、お世辞に対していいイメージを持っていないみなさんは、「ウソをついてまで褒められても嬉しくないだろう。気づかれたら、余計に印象が悪くなりそうだ」と思っているのではないでしょうか。

そこで、デイビッド・ドラックマンらによるお世辞についての面白い心理学の実験をご紹介します。
あるとき、何人か人を集めて、次の3つのパターンで会話をしました。

Aパターン　現実とは違っても、プラスのこと＝お世辞を露骨なくらい言い切る
例／ダサい人に対して「本当にAさんはいつもお洒落ですね。時代がAさんを追いかけていってる感じですよ」

Bパターン　根拠のあるプラスのことだけ言う
例／お洒落な人に対して「Aさんはいつもステキなスーツを着ていますよね」「センスがいいですね」

Cパターン　マイナスのことしか言わない＝お世辞をまったく言わない
例／「昔から本当にダサいよね」「Aさんて本当にファッションセンスないですね」

さて、被験者がもっとも好意を抱いたのは、A・B・C、どのパターンだったと思いますか？

冒頭でお聞きした、みなさんのお世辞に対するイメージから考えると、Bパターン→Aパターン→Cパターンになりそうな気がします。
根拠のある、事実だけを褒める人が一番好印象だという予想です。

ですが、実際の結果はAパターン→Bパターン→Cパターンの順でした。
つまり、**根拠がなくても、事実と違っても関係ない。露骨でも、歯の浮くような言葉でも、お世辞を言い切られたほうが気分がよかったのです。**

先ほども言ったように、人は「褒められたい」という欲求が強い生き物です。どんなに非現実的なお世辞を言われていたとしても、心の底では「このまま褒められていたい。このお世辞が事実ならいいのに」と思っています。

否定することで、「冗談で言ってるんだよね？ 自分は乗せられていないよ」というアピールはしますが、それは大人として、照れ隠しでしているだけのこと。本当は、褒められたことが嬉しくて仕方がないのです。

お世辞で相手の思考が変わるプロセス

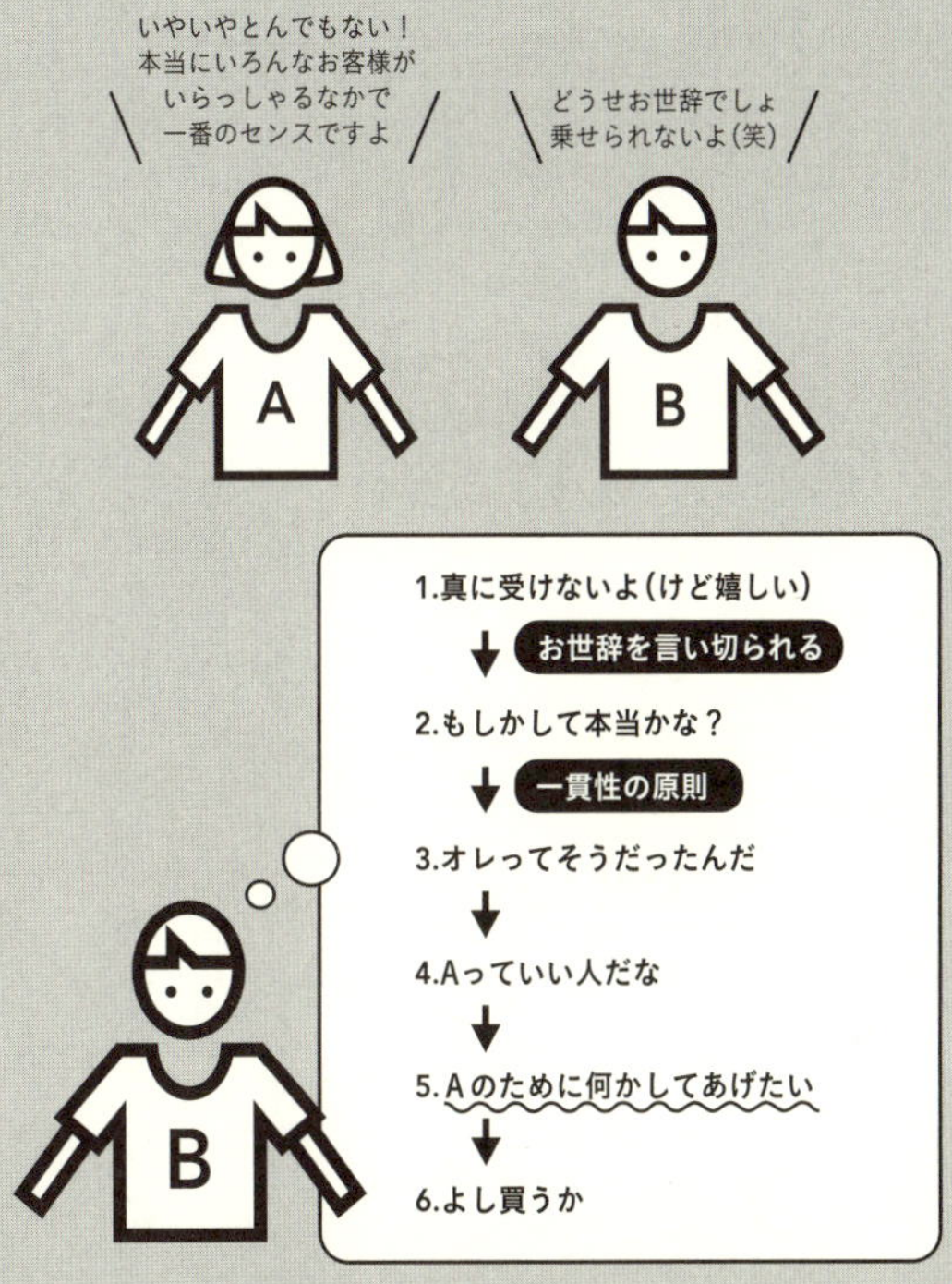

メンタリズムのPOINT

相手の謙遜を乗り超えてお世辞を言い切れば「一貫性の原則」が働き、相手の認知を変えられる

そのため、Aパターンのように褒められ続け、お世辞を言い切られると、言われた本人は「本気なんだ！」と感じます。

どんなに根拠のないお世辞でも、言い切ってしまえば本人のなかでは「本当のこと」になるのです。それが「自分を褒めてくれるいい人だ」という好意につながって、結果的には「好きな人だから、何かやってあげたい」と思われるようになります。

これが、お世辞を言い切ることで「やってあげたい」と思わせるプロセスです。

□お世辞でマインドコントロール

ちなみにお世辞は、ちょっとしたマインドコントロールのようなものでもあります。そういうと相当悪いことのようですが、じつはかなり日常的に使われているテクニックでもあります。

たとえばみなさんのまわりにも、「ピンクが似合うって言われたんだ」などと言って、嬉しそうにピンクの服を買い集めたりしている男性はいませんか？

彼はきっと、お気に入りのショップに行って、ピンクのシャツを試着してみたのでしょう。それに対してかわいい店員さんが、「すごくお似合いです」などとお世辞を言ったのだと思います。

もちろん彼も大人ですから、一度は「そうかな？　あんまりこういう色は着ないんだけど……」などと否定してみたはずです。

でも、相手はお店の売り上げを上げなくてはいけない立場の店員さんです。きっと、そこでお世辞を取り下げるようなことはせず「いえいえ、本当によくお似合いですよ。着慣れないだけなんじゃないですか？」などとさらにお世辞を言い続けたはずです。その結果、彼は「ピンクが似合う自分」を事実として受け入れたのです。

さらに、人は一貫性を保ちたがる生き物です。一度受け入れた「ピンクが似合う」という事実に一貫性を持たせるため、ピンクの服ばかり着るようになります。

本当に似合っているかどうかは関係ありません。褒められたことを否定するより、受け入れたほうが心地いいからです。しかも、その事実を受け入れている限り、ピンクの服を着るたびに「かわいい店員さんに褒められたっけ」という甘い記憶を思い起こすことができます。

つまり、**人はお世辞を言い切られると、内容そのものを否定するより、自分のほうを変えていこうとするのです。**

これは、自分の思うとおりに相手の行動を変えたい場合に大いに使えるテクニックです。たとえば、取引先の部長に対して「いつも本当にお世話になっています。大きな仕事ばかり紹介していただいて……」と言ったとします。

いつも小さな仕事ばかり回されていたとしても、そんなことは関係ありません。相手が「オレは何もしてないよ」と否定しても「いえいえ。本当に……」と、しっかりお世辞を言い切ります。

すると、そのうちに相手はあなたの言葉を受け入れて、結果的には「大きな仕事を紹介している」という部分を現実にするために、本当に大きな仕事を回してくれるようになるでしょう。お世辞を受け入れて、自分のなかで一貫性を保つためには、そうするしかないのです。

□お世辞に「感謝」を加えれば最強

今度は、もっと強力なお世辞の使い方をご紹介しましょう。

ポイントは、お世辞に「感謝の言葉」を入れることです。

たとえばみなさんが、あまり連絡をしてくれない彼氏に対して不満を感じていたとします。そこで、たまに電話をしてきた彼氏に「仕事が終わったらちゃんと連絡してよ」と言うのは「お願い」です。

彼女からそんなことを言われた彼氏は、「わかった」などと答えても、内心では「ウザいこと言うなよ。オレは仕事で忙しいんだよ」と思っているはずです。

それでは、その後数日は仕事のあとに連絡がきても、またすぐに元の状態に戻ってしまうでしょう。そもそも彼氏のなかでやる気が起きていないからです。

みなさんが彼氏に対して言うべき正解のセリフはこれです。

「いつもマメに連絡してくれてありがとう。仕事が忙しいのに、私に気を使ってくれてるんだよね」

もう、何から何まで事実と違いますね。歯が浮くどころか、生えている歯が全部飛んでいってしまうようなセリフです。でも、それでいいのです。

さすがにこれに対しては、彼氏も「そんなに連絡してないじゃん」と否定するでしょうが、「でも、いつも私のことを思ってくれているから、今日も連絡してきてくれたんでしょう？　本当にありがとう」と言われれば、それ以上否定することはできません。

というのも、「カッコいいですね」「お洒落ですね」というお世辞は、「そんなことないよ」と否定しやすいお世辞です。

「『あなたは』カッコいい」「『あなたは』お洒落」。それに対して、「『オレは』そんなことないよ」と否定するのは簡単です。

ですが、「ありがとう」という感謝の言葉は否定のしようがないものです。

感謝の気持ちは、こちらが勝手に感じているものだからです。たとえば、「いつも『あなたから』アドバイスしていただいて、『私は』本当に勉強になっています」という後輩に対して、「『オレなんか』何もしてないよ」と返すことはできるでしょうが、「『お前なんか』全然勉強になっていないよ」とは言えないでしょう。

つまり、「ありがとう」の入ったお世辞は、最終的には受け入れるしかないのです。すると、感謝を事実として受け入れた相手は、一貫性を保つために必ずあなたの思いどおりに変わっていきます。やってほしいことを「やってくれる」ようになるのです。

さて、ようやくここで冒頭の質問のタネ明かしをしましょう。みなさんはお世辞に対してよくないイメージを抱いています。

でも、現実にお世辞を言う人は相手に好意を抱かれて、「やってあげたい」と思われている。この差はどこから生まれるのでしょうか。

じつは、あなたのことを「お世辞ばっかり言って、まわりに媚びる嫌な人だな」と感じているのは、「あなたが他人にお世辞を言っている姿を目撃した人」であり、「しかも自分はあなたからお世辞を言われていない人」です。

つまり、まわりのみんなにお世辞を言っている人が、自分にはお世辞を言ってくれないという点に対して「嫌だな」と感じているのです。

自覚はないかもしれませんが、みなさんは心の底では「お世辞を言われたい」「褒められたい」と思っています。そのため、お世辞を言われている人が羨ましいのです。これは一種の焼きもちのようなもの。カラクリがわかると、非常に単純ですね。

ですから、**お世辞は「誰に対しても」「いつでも」「何度でも」大げさに言い切ってください。**

そうすれば、みなさんは誰からも「お世辞ばかり言っている嫌な人」とは思われません。まわりの全員が「自分のことを褒めてくれる人だ＝この人が言っていることは本当だ」と信じ込んでいるのですから、ほかの人に対してどんなに歯の浮くようなことを言っていようと、それを「無茶苦茶なお世辞だ」とは言えないのです。

これからは、「お世辞なんて言ったら歯が浮く」などとカッコつけるのはやめましょう。「やってもらえる人」になりたいなら、浮く歯を両手で押さえてでも、根拠のない褒め言葉を並べ続けてください。根拠がなくていいのですから、よく考える必要もありません。

思いつくままにまわりの人たちを褒めて、手の上で転がしていけばいいのです。

トラップ

4 自分の分担をアピール

知人の結婚式に出席したときのことです。知り合いの女性が受付をして、忙しそうに動き回っていました。

みなさんも経験があるかもしれませんが、受付というのはかなり大変な役目です。招待された側なのに誰よりも早く会場入りしなくてはなりませんし、出席者の名前の読み方を確認したり、親戚なら控室に誘導して、女性なら更衣室に誘導するなど、オペレーションも変わってきます。

また、ご祝儀を受け取る立場なので、万が一にも紛失するようなことがあってはいけません。非常に神経を使う、いわゆる「できれば避けたい役」といってもいいのではないでしょうか。

私は素直に、「受付なんか任されちゃって、大変だね」と彼女に声をかけました。すると、「みんながほかの準備を進めてくれたから、私は受付『だけ』することになったの」と、彼女はあまり不満そうではありません。

あとで聞いてみると、彼女がそう感じるにいたった経緯がわかりました。

彼女は「分担意識」という私たちに強く植えつけられた考え方によって、「自分は受付をするのが当然だ」と感じていたのです。

それでは、彼女が友人たちから仕掛けられた4つめのトラップ「自分の分担をアピール」の正体を説明していきましょう。

□日本人の分担意識を利用する

とくに私たち日本人にいえることですが、私たちは子どもの頃から学校教育において「分担意識」を植えつけられています。

何かを行うときには、みんなが協力しなくてはならない。全員に何らかの役割がないと不平等だ。分担しないでサボるのは悪いことだ、という考え方です。

みなさんも小中学校時代を思い出してみてください。全員が「生き物係」「黒板係」「給食係」など、何らかの役割を与えられ、クラスの運営に携わっていたはずです。そのため、いわゆる「大変さ」の度合いは違っても、全員がひとつずつ係を引き受けることが平等であり、それが正しいことだという考え方は、私たちのなかに深く根ついています。

「自分の分担をアピールする」のは、この分担意識を刺激するテクニックです。

たとえば冒頭の彼女の場合、仕事が忙しくて事前の準備にあまり協力できなかったそうです。ほかの友人たちは、「エントランスに飾るウエディングドレスを着たクマのぬいぐるみ、買っておいたよ。あとはリボンを買って首に結ぶだけなんだ」など、口々に「自分のやったこと」を報告していきます。

最終的に、「じゃあ、あとは当日の受付だけだね」という話になり、「それなら私にやらせて」と彼女は自ら立候補したそうです。「友達として、何も自分の役割がないのはよくない」と、分担意識を刺激されたのでしょう。

職場などでは、「資料のコピーとっておいたからね。あとはそれをまとめるだけ」など、進捗《しんちょく》報告のような体《てい》で同僚に伝えるといいでしょう。分担意識を刺激された同僚は、「それなら私が……」と面倒な資料づくりを引き受けてくれるはずです。

相手をもっと「私に受付をやらせてほしい！」という気持ちにさせたいなら、「クマのぬいぐるみを探したときの苦労話」をやんわりと伝えるのが効果的です。多少大げさに話を「盛って」も構いません。

たとえば、「花嫁のウエディングドレスにできるだけ似てるクマがいいなと思って探したんだけど、彼女のドレスって結構個性的でしょ？　なかなか似たのが見つからなくて。表参道で買うつもりで朝から出かけたんだけど、恵比寿と渋谷を回って、最終的には代官山のお店まで見に行っちゃった。かなり頑張って探してみたんだけど、どうかな？　結構ドレスのラインが似てると思わない？」という具合です。

職場の例でいうと、「コピー機の調子が悪くて、結局修理の人を呼ぶことになっちゃって……」などということになるでしょうか。ここではワンクッションを置くだけで、「だから、受付はあなたがやってね」「資料のまとめはお願いね」とは言いません。それでは「お願いする」ことになってしまうからです。

とはいえ、ここまで言われてしまったら、よほど図々しい人でもない限り「すごくかわいいね。あとは受付だっけ。私は朝が弱いから、それも頼んでいい?」とは言えないはずです。

普通の人は、必ず「そんなに頑張ってくれてありがとう。当日の受付は私にやらせて」と自分から言い出すことでしょう。自分から言ったことなので、本人には「やらされた感」はまったくありません。多少大変でも、粛々と受付をこなしてくれるはずです。

ですが、考えてもみてください。休みの日に代官山でクマのぬいぐるみを選ぶのは、女性が大好きな「お買い物」の一種です。そこまで大変なことだとも思えませんし、むしろ楽しい作業だったのではないでしょうか。

いっぽう、受付はかなりの重労働です。比べればどちらが大変なのかは一目瞭然ですが、**「自分の分担をアピールする」というのは、「分担意識」と5倍のレートでお返しをしてもらう「先手を打つ」（トラップ1）の合わせ技です。**

どんな人でも「やってあげたい」どころか「やらせてほしい！」と感じる巧妙な仕掛けなのです。

□相手を思うなら何か分担させるべき

ちなみに、「やってあげる人」はこの「ワンクッションを置く」ということができません。「クマのぬいぐるみは買っておいたから、安心して。あと、受付も私がするからね」と矢継ぎ早に面倒なことを引き受けてしまいます。

それならまだマシなほうで、クマのぬいぐるみを買ってきたことをこの場では言わなかったり、受付を引き受けてから「あ、クマのぬいぐるみも買っておいたからね」とさらりと報告したりしています。

大変なことほどさらりと涼しい顔でやるというのが日本人の美学とされていますが、いつもこれではどんどん自分の首を絞めつけるだけです。

分担意識は私たち日本人に強く植えつけられているものです。ほかの人たちも「何か役割を引き受けなくては……」と思っているのに、一人で勝手にすべてを引き受けて、勝手に大変な思いをしているのです。

ほかの人の心理を慮《おもんぱか》るなら、何か分担させてあげるべきでしょう。

そうでないと「あの子が全部やっちゃうから私にはすることがない。何の役にも立たなくて心苦しい」と思わせることになってしまいます。**みなさんが全部を背負い込むことで、ほかの人たちに無力感を感じさせてしまうのです。**

せっかく「全員が何かの係を引き受けたい」日本にいるのですから、相手の分担意識を刺激しない手はありません。

ただし、必ず相手の働きに対して感謝の気持ちを伝えること。

たとえば受付の彼女に対しては、「今日は受付を引き受けてくれて本当にありがとう。私、朝が弱いからおかげで助かっちゃった。それに、あなたはマナーがしっかりしてるから、こういう仕事は私たちよりも断然上手だよね。絶対に花嫁も喜んでると思うよ」という具合です。

感謝の言葉さえあれば、「立ちっぱなしで辛いな」と思っていたかもしれない彼女の疲れも、一気に吹き飛ぶはずです。

それどころか、「こんなに喜んでもらえるなら、また頼まれたい。だって、私はみんなより受付に向いているんだから！」と、自己重要感も満たされます。

相手に「また頼まれたい」と思わせることができれば完璧です。「やってもらう」ことで、心理的にＷｉｎ－Ｗｉｎな関係を目指していきましょう。

トラップ5

曖昧にお願いする

「この新プロジェクト、担当してみない？」と上司に言われて喜んで引き受けたら、すでに自分の前に何人もの人が断った難しい案件だった。

「このイベント、かわいい子がたくさん来るよ。明日の7時に○○に集合だから」と誘われて、夜だと思って快諾《かいだく》したら、じつは朝の7時集合だった。

「5分で手続きが終わります」と言われてカードに申し込むことにしたら、たしかに記入時間は5分だけど、待ち時間が1時間以上あった……などなど。

これらの苦いエピソードに共通するのは、**最初は「面白そうだ」「簡単そうだ」などと乗り気になって「YES」と言ったのに、あとで思ったよりも大変な条件がある**

ことが明かされたという点です。みなさんも、少なからず覚えがあるのではないでしょうか。

トラップ5「曖昧にお願いする」は、「ローボール・テクニック」と呼ばれる説得技法を利用したテクニック。心理学的にいえば「一貫性の原理」を突いたテクニックです。街角で「キャッチ」などに引っかかってしまう人も、大抵は「簡単なアンケートに答えてくれたらタダで○○をプレゼントします」など、このテクニックの悪用によって引きとめられ、あれよあれよという間に怪しげな商品のセールストークを聞かされるハメになります。

□最初の条件は低く曖昧に伝える

では、「ローボール・テクニック」とは具体的にはどんなものなのでしょうか。

先ほど「キャッチ」という言葉を使ったので、詐欺《さぎ》の手口のひとつのように思われてしまったかもしれませんが、誤解しないでください。このテクニック自体は詐欺でも何でもありません。

簡単に説明すると、最初にとりやすいローボール（低い球）を投げて、好条件だと思わせて承諾を得たあと、その好条件をとり払ってしまう難しい条件があることを明かすというやり方です。

もしくは、詳しい条件を伝えてから「YES」「NO」を決めさせるのではなく、**条件の部分はある程度曖昧にしておいて、「やります」と言わせてから詳しい条件を明かしていきます。**冒頭の例でいえば、

好条件 新プロジェクトを担当できる

実際 自分の前にいろいろな人が断るほど大変な案件だった

好条件 かわいい子がたくさん来るイベントに行ける

実際 集合時間が早朝だった

好条件 5分で申し込み手続きが終わる
実際 申し込み手続きのあとに長い待ち時間があった

ということになるでしょう。実際のところを知ると、最初の印象とはずいぶん変わってきますね。少なくとも、はじめに詳しい条件を明かされていたら、ノリノリで「YES!」と言う人はほとんどいないでしょう。

とはいえ、新プロジェクトはまだ進んでいないわけですし、かわいい子が来るイベントが行われるのは翌日です。カードの申し込みもまだ行ってはいません。どれも、「思っていたのと違うから、やっぱりやめます」と「NO」を出せるタイミングではあるので、相手を完全に騙したことにはなりません。もちろん、多少ズルい手であることは認めますが。

□一度受け入れたら断れない

では、実際に「ローボール・テクニック」を使われた人は、どのような行動をとるのでしょうか。これに関して心理学者ロバート・チャルディーニ、ジョン・カシオッポらによる実験があります。要約すると以下のとおりです。

Aパターン

学生に、「自分の深層心理が見えてくる、興味深い心理学の実験をします。参加しませんか?」と誘いをかけます。面白そうな実験の内容だけを伝えて、それ以外の情報は伝えません。それに対して相手が「YES」と答えたら、「じゃあ、明日の朝7時に学校に来てください」と集合時間が早朝であることを伝えます。そして、「来てくれますか?」ともう一度聞くのです。

すると、56%の学生が「行きます」と言って、当日もほとんどの人が時間どおりにやって来ました。

Bパターン

学生に、「明日の朝7時から、自分の深層心理が見えてくる、興味深い心理学の実験をします。参加しませんか？」と誘いをかけます。面白そうな実験の内容だけでなく、はじめから集合時間が早朝であることも伝えます。

すると、参加した学生は24％に過ぎませんでした。

朝7時という集合時間は、ほとんどの人にとって「ちょっと面倒くさいな」と感じる共通の悪条件です。それにもかかわらず、人は一度要求を受け入れてしまうと、「やっぱりムリ」とは言いにくくなるということです。

これは、これまでにも何度か登場している「一貫性の原則」の応用でもあります。人間は必ず矛盾を抱えていますが、社会性を保つため、本能的に一貫性を維持しなくてはならないと感じています。

そのため、一度OKしたことを撤回するのは「恥ずかしい」「みっともない」「断ることが面倒くさい」などと感じて、本当の条件が明かされても受け入れてしまうことが多いのです。

しかも、「思っていた条件と違った」とガッカリするのはその瞬間だけです。一貫性を保つため、「早起きしてでも参加したいくらい面白そうな実験だったのだから仕方がない」などと自分自身のことも騙しにかかるので、嫌々7時に集合するわけではありません。あとあとまで「騙された！」と恨まれたりすることはないので、安心してください。

このテクニックをうまく使って売り上げを伸ばしているのが車のディーラーです。

みなさんも、「このクラスだと200万円くらいです」などと言われて「買います」と言ってしまったあと、はじめてオプションの話を切り出された経験はありませんか？　カーナビやシートの素材、ホイールのデザイン、コーティングなど、車には無数のオプションがあります。そのため、ショーウィンドウで見たとおりのカッコいい車を再現しようとすると、200万円で買える（と思えた）車が、最終的に250万円くらいになってしまった……というのはよくある話です。

ローボール・テクニックとは？

1.ローボール（誘い玉）で曖昧に条件を提示

2.相手の承諾を引き出したあとで本題に入る

メンタリズムの**POINT**

**少し面倒な相談を曖昧に伝え一度ＯＫを引き出す。
そのあと本題に入ると格段に受け入れられやすくなる**

ですが、「250万はちょっと予算オーバーだな」と思っても、そこで「200万円だと思っていたので、50万円も高くなるなら買うのはやめます」と言える人はほとんどいません。

一貫性を保ちたいという欲求に加えて、「小さい人間だと思われたくない」「セコい人間みたいでカッコ悪い」などの気持ちも働くからです。まわりに人がいたり、彼女と一緒だったりすればなおさらです。

「曖昧にお願いする」のは、ストレートにお願いしても引き受けてもらえそうにないな、と感じる少し面倒なお願いごとをする際に有効な手段です。

ただし、少し使い方に気をつけてもらいたいテクニックでもあります。

人間味のあるキャラクターの人であったり、すでにしっかりとした信頼関係が築けている間柄であったりすれば、「最初に伝えるのをうっかり忘れていたのだろうな」と好意的に受け止めてもらえますが、それがない状態で行うと、多少なりとも「やられた感」が生じてしまいます。

たまに使う程度ならまったく問題ありませんが、毎回このテクニックで「大変なことをやってもらう」のは少し問題があるといえるでしょう。

相手もさすがに詳細を確認するようになるので、何度も連続して使える手ではありませんし、「この人は面倒なお願いをしてくる困った人だ」というレッテルを貼られてしまう恐れもあります。

「やってあげたい」と思われなくてはいけないのに、そうなってしまっては元も子もありません。**ここぞというタイミングで使う「奥の手」として覚えておくといいでしょう。**

トラップ
6

過去を引き合いに出す

クラブなど夜のお店で働く女性たちは、上手にお客様の「やってあげたい」という気持ちを引き出す天才です。

私も仕事の関係で知り合った年上の方たちに、銀座のクラブに連れていってもらったことがあります。

私自身は、こういうお店には連れていかれない限り、行くことがありませんが、連れていく本人は大抵その店の常連です。ホステスさんたちとも当然顔見知り。すると、彼女たちが巧妙に6つめのトラップである「過去を引き合いに出す」というテクニックを使っていることに気づかされます。

たとえば、こうした会話です。

「去年は誕生日の日に来てくれて嬉しかった。一昨年《おととし》なんて、大きなお花を出してくれたのよね。本当にありがとう」

「○○さんは本当に飲みっぷりがよくて気持ちいいの。先週もボトルを入れてくれたんですよねぇ」

内容は人によってさまざまですが、彼女たちは「大事なお客様」である彼らが過去に「やってくれたこと」について本当によく覚えていて、会話の端々で感謝の気持ちを表すのです。これには本当に感心させられました。

□過去の話をする3つのメリット

過去に相手にしてもらったことについて話すのには、いくつものメリットがあります。

まずひとつめのメリットは、「あなたにしてもらったことを忘れずに、今でも感謝しています」というアピールになるということです。

時間がたってもやってもらったことを忘れていないということは、過去の感謝が本物だったという意味になります。

つまり、相手は「(自分がやってあげたことが) すごく助けになったから、忘れずに覚えているのだな」と無意識に解釈するわけです。すると、相手は再び「自分が必要とされている」という自己重要感で満たされます。そして、「こんなに感謝されて、気分がよくなるなら、またやってあげたい」と感じるのです。

2つめのメリットは、相手にいつでも「やってあげたとき」の気持ちよさを思い起こさせられるという点です。

アドラー博士は、「人間が幸せになる唯一の方法は他者に貢献することだ」と述べています。何度も言いますが、「やってあげる」ことで人は幸福感を覚えるのです。

まわりを幸せにするためにもみなさんは「やってもらう」必要があるわけですが、そうはいってもすぐに何かをしてもらうのは難しいこともあるでしょう。相手がお客様だったりすれば、なおさらです。

そこで「過去を引き合いに出す」というテクニックの登場です。

すると、今この瞬間は何もしてもらっていなくても、「あのときこんなことをしてたよね。ありがとう」と言うだけで、相手の脳には「やってあげた」ときの記憶や感情がよみがえります。

その幸福感を思い出すと、気分がよくなった相手は「またやってあげよう」と思います。こちらから何もお願いしなくても「やってもらえるループ」の完成です。


3つめのメリットは、過去の行動という比較対象が生まれることで、今後はそれ以上のことをしてもらえる可能性が高まるということです。


たとえば、ホステスさんから「去年の誕生日には、大きなお花をお店に届けてくれたよね。ありがとう♥」と言われたとします。

すると、相手の脳のなかにはすでに去年の気分のよさがよみがえっていますから、「今年はもっと喜ばせて、もっと感謝されて、もっといい気分になりたい」というモードに入るのです。もし「贈り物」という形で去年より喜んでもらおうと思うなら、去年以上の贈り物をするしかありません。

人は、どんな状況にも慣れる生き物だからです。どんなに嬉しいプレゼントでも、去年と同程度だった場合は感動が薄れてしまいます。

結果的に、贈られる花が豪華になるのか、今年はドンペリを入れてもらえるのか、何か別のプレゼントがもらえるのかはわかりませんが、「去年の自分」を超えようと努力してくれるのは確実です。

もちろんこれは、夜のお店限定のテクニックではなく、日常生活でもどんどん使っていけるトラップです。

たとえば彼氏とデートしているときなら、「今日のピアス、去年のクリスマスにプレゼントしてくれたヤツだよ。すごくかわいくて気に入ってるの」と言ってみる。

上司に対して、「この前、私が発注をミスしてしまったときにフォローしてくれましたよね。さすがにあの大失敗には凹《へこ》んでいたんですが、部長の一言で心が軽くなりました」と言ってみる。

重要なのは、それを「意図的にやっているわけではない、素の感想だ」と思わせることです。「この子はおべんちゃらを言って、何かお願いごとがしたいのかもしれないな」と警戒されてはいけないということです。

お世辞と同じで、相手に「たいしたことはしてないよ」と否定されても「そんなことはありません。本当にありがとうございます！」と言い切ることが大切です。

また、何かお願いごとがあるときにだけ「あのときも……」と過去を引き合いに出して感謝をするのではなく、普段から気づいたときに「あのときは○○をしていただいて、本当にありがとうございました」など、こまめに感謝をする習慣づけをしておいたほうがいいでしょう。

「一度お礼を言ったからもういいや」ということはありません。挨拶ついでに何度でも言って、「やってもらうループ」の土台を整えればいいのです。

□スマホのメモ欄を上手に活用しよう

何度も感謝されると、相手は内心「やってあげたい。そしてまた感謝されて、気分がよくなりたい」とうずうずしています。ですから、みなさんが少し困ったような素振りを見せるだけで「やってあげようか」と手を貸してくれるはずです。

このようなすばらしい「やってもらえるループ」をつくり上げるためにも、まずは他人から「やってもらったこと」を忘れないようにしなくてはなりません。

といっても、人の記憶には限度があります。そんな不確実なものに頼ってもよい結果は生まれないので、いっそのことスマホに記録する習慣づけをしてはいかがでしょうか。

私自身が活用しているのは、スマホの電話帳の「メモ欄」です。何かをしてもらうたびに、あの欄に詳細を書き込むのです。

たとえば、会社の先輩のAさんのメモ欄には、
「受注祝いに広尾のフレンチをおごってくれた」
友人のBさんのメモ欄には、
「夏休みにハワイのお土産で日本未発売のリップを買ってきてくれた」など。

できる限り詳細に記録します。「いつもありがとうございます」より、「いつ」「どんなときに」「どんなことを」してくれたのか、具体的に語れたほうが相手の心に響きやすいからです。

ちなみに、これは「やってもらう」とは直接関係ありませんが、私は電話帳のメモ欄に、相手の服装や髪形、そのとき話した内容など、気になったことをメモするようにしています。

そして、次に会う直前にメモ欄を確認して、その内容を会話のなかに自然に挟み込むのです。たとえば、「前回面白いとおっしゃっていた本、僕も読みました。とても勉強になる本を教えていただいて、ありがとうございます」という具合です。

また、相手が女性なら、髪形の変化について指摘するのもいいでしょう。じつは、ほとんどの女性はすでに「男は女がどんなに頑張ってお洒落をしてもあまり見ていないし、変化にもほとんど気づかない」と男性の観察眼を諦めています。かなり期待値が下がった状態だということです。その部分を逆に突いて「ちょっと髪の色明るくした?」「前髪の雰囲気変わったね、すごく似合うよ」などと指摘すると、大抵の女性は感動します。あなたを異性として意識しはじめるかもしれません。

人は、自分に注目してくれる、自分をよく見てくれる人に好意を抱くからです。

まずは今日から、人と会うたびに電話帳のメモ欄に簡単なメモ書きを残してみましょう。「やってもらったこと」があればもちろんですが、会話の内容や服装、髪形など気になることがあればすべて簡単に記録します。それをうまく次の会話に生かすことができれば、コミュニケーションスキル自体も格段に上がるはずです。

スマホのメモ欄を有効活用

佐藤 一郎
さとういちろう

090 xxxx xxxx

Face Time

e-mail
abcdexxxxx@xxx. co. jp

メモ
2015年7月30日@渋谷のバー〇〇
『正しい太鼓のもち方』
『眠れなくなる宇宙のはなし』書籍２冊をススメて頂く

面倒くさがらずに
❶いつ ❷どこで ❸何をしてもらったか
を記入

メンタリズムの**POINT**

「やってもらったこと」はなるべく詳細に記録。
余裕があれば会話の内容、外見の特徴も

トラップ 7 急に黙る・目をそらす

ふたりで会話をしていて「気まずいな」と感じるのは、一体どんな瞬間でしょうか。いくつかのケースが想定できますが、人がもっとも居心地が悪い思いをするのは相手が急に黙ってしまったとき、おかしなタイミングで目をそらされてしまったときです。みなさんにも心当たりがありませんか？

にこにこ笑いながら楽しく会話していたはずなのに、話題が移った途端、急に相手が黙ってしまった。表情がくもった。目を合わせてくれなくなった。あなたはきっと「何か悪いことを言ってしまったのかな」と不安になることでしょう。

居心地の悪い沈黙を避けるためにいつも以上に頑張って話したり、「どうかした？」とストレートに聞く人もいるかもしれません。

相手に「やってあげたい」と思わせるための最後のトラップは、この2つのしぐさを使ったテクニックです。

「急に黙る」「目をそらす」ことで、相手にストレスを与えて、「この気まずい状況を打開するために、自分が何とかしなくちゃ」という気持ちを引き出すのです。

じつはこのテクニック、あるタイミングでうまく使いこなしている女性が多いようです。それは、彼氏の浮気を疑ったとき。

なかには、「昨日はメールの返事もしてくれなかったし、電話にも出てくれなかったよね。仕事で遅くなるとか言って、本当は浮気してたんじゃないの？　違うなら証拠を見せてよ！」などと責め立てる女性もいますが、そんなことをしても相手に逆ギレされるだけです。

上手な女性は、「そういえば、昨日電話に出てくれなかったよね」などと含みのある言い方をして、そこで一旦話すのをやめます。「急に黙る」のです。

一瞬疑う素振りを見せていますから、彼氏が本当に浮気をしていた場合は「ヤバい、バレてるかもしれない！」と一気に焦るはずです。「うまい言い訳を考えて、この場を何とかおさめなくちゃ」とパニック状態に陥ります。

それでも彼女が黙ったままでいると、「え、何でそんなこと聞くの？　いや、返信しなかったのはごめん。でも別に何でもないよ。っていうか仕事だったし。仕事中で電話にも出れなかっただけで。いや、もう電車に乗ってたのかな。メールは見たんだけど、疲れてたから家に帰ったらすぐに寝ちゃってさ。で、たぶん返事できなかったんだと思う。いや、そうだよ……」などと、見苦しい言い訳をペラペラ並べて、やがて勝手に自爆します。

□ 沈黙で相手に不安を与える

相手からこちらのほしい情報を引き出す一番の方法は、黙ることです。いくら質問をしても、聞いてしまえばその質問にひとつひとつ答えていけばいいだけですから、それ以上の情報は手に入れられません。話が広がらないのです。

いっぽう、こちらが黙れば相手は不安になって、気まずい沈黙を打破するために「自分がしゃべって間を持たせなくては！」と感じます。

そのときに相手に何かやましい気持ちがあると、パニックから核心に迫ることを話してしまうのです。これは、浮気疑惑に直面したカップルに限らず、交渉のシーンなどでも利用されるテクニックです。

「相手に何かを見透かされたかもしれない」と感じたとき、人は守りに入ります。不安になった相手が守りたいのは、自分が隠していることや、知られたくないと思っている秘密です。守りたいと思うあまり、逆にその部分について話してしまうのです。

たとえば交渉の場面でこちらが黙ったときに取引相手が予算の話をしてきたら、もしかすると今伝えられているよりも大きな予算が組まれているのかもしれません。「経費を抑えるために、あえてこちらには少なめの予算を伝えているのかもしれないな」と予想することができます。

納期の話をしてきたら、余裕がないように見せかけて、じつは取引先がかなりのバッファをとってスケジュールを組んでいる可能性もあります。本来の意味とは違いますが、「沈黙は金」だということです。

「どうしたの?」と聞かせるのも、自分の思うとおりに相手を誘導するためには必要なプロセスです。「どうしたの?」と聞いてきた段階で、相手は「何かしてあげなくちゃ」と思っています。ですから「急に黙ってどうしたの? 何かあるなら言ってよ」と言わせたら、こちらの勝ち。

「じつはこんな心配なことがあって……」とおもむろに切り出せば、相手は必ず「何とかして力になるよ」と申し出てくれるでしょう。自分から聞いておいて、「へぇ、そうなんだ。大変だね」で終わらせることはできないのです。

□常識を逆手にとるうまい視線のはずし方

「目をそらす」のも、基本的なテクニックとしては黙るときと同じです。ですが、ビジネスはもちろん、一般的に人と話すときには目を合わせなくてはいけないといわれています。そのほうが自分の自信をアピールすることができるからです。

就活や転職活動向けに面接テクニックを学んだことがある人は、「話すときは必ず面接官の目を見ましょう」と言われたのではないでしょうか。

たしかに、目を合わさない人と話をしていると何か挙動不審に見えたり、何かうしろめたいことでもあるのかな、と感じてしまいますよね。

では、今まで目を見て話してくれていた人が急に目を合わせてくれなくなったら、どうでしょうか?

じつは一度目を合わせたあとに自ら目をそらすと、相手に対して自分が優位であると示すことができるのです。

話しているときに、おかしなタイミングで目をそらすと、急に黙ったときと同じよ

うに相手にストレスを与えることができるのです。そして、不安から逃れたい相手を自分の思う方向へと誘導しやすくなります。

たとえばみなさんが職場の上司と話しているとします。

あなたは最近、直属の先輩Aさんのムチャぶりに悩んでいます。できれば自分からではなく、上司の口から一言言ってもらいたいと思っているとしましょう。

そんなときは、上司と話していてAさんの話題が出たときに、急に目をそらしてシュンとして見せます。同時に黙ったりすれば、さらに効果は絶大です。

すると、不安になった上司は「どうした？　何か悪いこと言ったか？」と尋ねてくるでしょう。あなたは、「そうじゃないんです。気にしないでください」と答えます。

そうはいってもあなたはシュンとしたままで、いっこうに上司と目を合わせようとしません。上司はますます不安になって、「何かあるなら言えよ。オレが力になるからさ」と言います。目の前のあなたが目をそらしてしまったというストレスから逃れたい一心で、「やってあげる」気は満々です。

そう言われたら、みなさんの勝ちです。おもむろに「じつはAさんのことでちょっと……」と話しはじめればいいのです。

上司は多少面倒だなと思っても、自分から聞いてしまった手前、手助けせざるを得ません。その日のうちにAさんはムチャぶりについて注意されることでしょう。

みなさんが上司に「Aさんのムチャぶりを注意してください」などと言わなくても、悩みはすっきり解消されるのです。

これは誰にでも使えるテクニックですが、自分から意図してやっていても沈黙というのは気まずいものです。そのため、慣れない人はあまり沈黙状態を続けられず、せっかく一度は黙っても、すぐに話しはじめてしまうこともあるようです。そういった意味では、少し上級者向けの「やってもらう」テクニックといえるかもしれません。

とはいえ、とくに普段よくしゃべる女性などが実践すると、ギャップがあるので効果は絶大です。私のように放っておけばいくらでもしゃべるような人間が黙ると、相手はペラペラと自分の秘密を明かし、

「何でもするから話してほしい！」

「お願いだから目を合わせて安心させてくれ」という気持ちで、

「どうしたんですか？（何かできることはありますか）」

と聞いてきます。**うまく黙ることで、相手の「何をしてほしいのか教えてほしい！」という不安を掻き立てましょう。**

わざと相手にストレスを与えて心配させる

たとえば、忙しい相手に何かを頼みたい場合

……․
最近いろいろな
会社から引き合いを
いただいていて……

普通に会話していたのに
いきなり黙って目をそらされると…

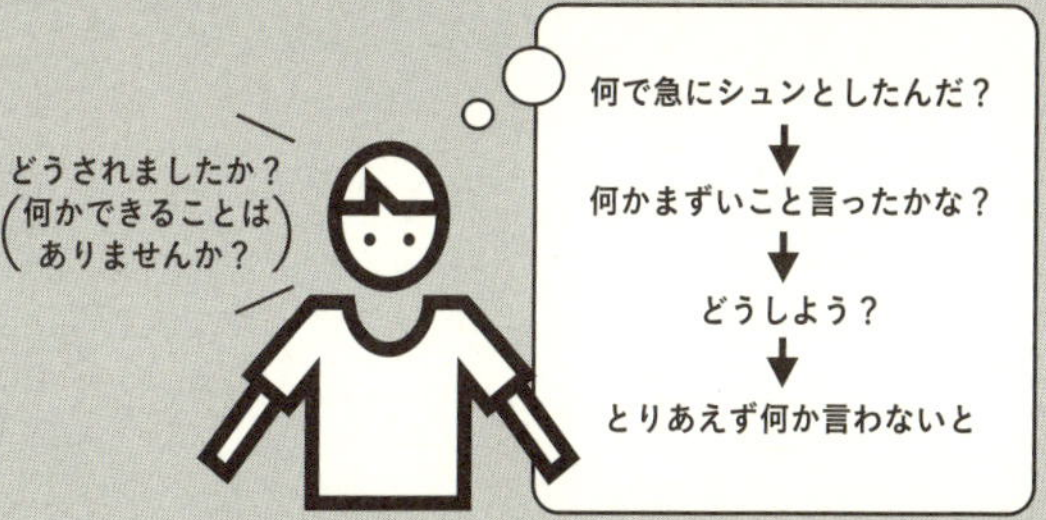

どうされましたか？
（何かできることは
ありませんか？）
何で急にシュンとしたんだ？
何かまずいこと言ったかな？
どうしよう？
とりあえず何か言わないと

メンタリズムのPOINT

**ここぞというタイミングで「黙る・目をそらす」。
相手の不安を掻き立て、やってもらいやすくする**

COLUMN

嫌われずに楽になる！上手に断るテクニック

仕事で忙しいときに同僚から「これ、お願いできる？」と言われたら……みなさんは、ちゃんと「断る」ことができますか？　それとも、つい引き受けてしまうことが多いですか？

「助けてもらう」のが下手な人は、大抵「断る」のも下手です。

本編でもたびたび紹介している心理学者のアドラー博士は、その理由を端的に説明しています。耳の痛い話かもしれませんが、聞いてください。

「断れない人」は、断ることで相手から嫌われるのが怖いのです。誰からも嫌われたくないから、相手のお願いごとを全部引き受けてしまいます。

『嫌われる勇気』という本は非常に話題になったので、みなさんもタイトルくらいはご存じではないでしょうか。あの本のタイトルに込められているのは、まさにこのことなのです。

私がみなさんの友達だったら、「自分の仕事が忙しいときに『手伝えない』って断るのは当然でしょ。そんなことでこちらの事情もくまずに嫌ってくるようなヤツなら、嫌われたっていいんだよ。もともとその程度の関係だったんだって」とアドバイスします。

でも、このアドバイスで「そうか!」と思えるくらいの人なら、とっくに「断れる人」になっていますよね。きっとみなさんは、まわりの人に好かれるために、まわりの人全員の理想に応えようとして、辛い思いをしているのだと思います。

それは、お願いごとを引き受けることで「やること」が増えてしまうのが辛いのではありません。仕事をお願いされるくらいですから、きっとみなさんにはその仕事をこなせるだけの能力があるのです。

みなさんが断れなくて辛い思いをするのは、「まわりの人に頼まれたから」という理由で、自分がやりたいこととは違うことをしなくてはならないからです。まわりの期待に応えて自分を曲げるのが辛いのです。

「お願い返し」をうまく使えば自分の負担はどんどん減っていく

そうはいっても、「断るのも辛いし、自分にはやっぱりできない!」という人のために、メンタリストとして「断らないのに、やることが減って楽になる方法」を教えましょう。

やることはいたってシンプルです。何かを引き受けるのと同時に、みなさんも「お願い返し」というテクニックを使うのです。

たとえば、冒頭の例のように同僚から「この仕事、お願いできない?」と頼まれたとします。みなさんは自分の仕事で非常に忙しい状態です。そうしたら、すかさず

「お願い返し」です。「いいですよ。私は今、今度のプレゼン用の資料をつくっているんですが、この部分のリサーチをお願いしていいですか?」と聞いてみましょう。相手は絶対にそのお願いを断ることはできません。必ず引き受けてくれます。

すでにお気づきかもしれませんが、「お願い返し」はPART3のトラップ!「先手を打つ」でお話ししたことと原理はまったく同じです。先手を打たれたら、断ることはできません。それと同じで、相手が先にお願いをしてきたのですから、こちらはその5倍のお返しを受け取る権利があるということです。というと少し変ですが、相手は「心理的に5倍のお返しをせざるを得ない状態」なのです。それをちゃっかり利用させてもらいましょう。

たとえば上司への進捗報告など、自分の苦手なジャンルの仕事を「お願い返し」してもいいし、実際に5倍くらいの労力がかかる重めの仕事を「お願い返し」してもいいのです。5倍のお返しが受け取れるのですから、何でも頼みたい放題です。そうすれば自分はどんどん楽になっていきますし、本当にみなさんを利用しようとしていただけの相手であれば、お願いをしてこなくなります。結果的には断ることをしなくてもすむので、気持ちの面でも楽になります。

「断れない」と悩んで、自分をすり減らすのはもうやめましょう。これからは、何かお願いごとをされたら「ラッキー!」と思うくらいになってください。

PART 4

やってもらってばかりでも好かれる5つの習慣

「自分も相手も楽になる「やってもらえるループ」」

いよいよ最後のPARTになりました。このPART4では「やってもらってばかりでも好かれる5つの習慣」をご紹介します。

ここまでにお伝えしたテクニックを駆使すれば、すでに目の前の相手はみなさんのために「何かやってあげたい」と思わずにはいられなくなります。すでに、「やってもらう人」になるためのプロセスは完了しているのです。

「やってもらってばかりでも好かれる人」とは、まわりに動いてもらうことで、まわりを幸せにすることができる人のことです。上手に「やってもらう」ことができても、相手を最高にいい気分にさせることができなければ、Win‐Winの関係とは呼べません。

PART3でもすでにいくつかお話ししていますが、

「この人のために何かしてあげると、とても気分がいい」

「だから、もっと何かやらせてほしい」

と思わせることを習慣にしていきましょう、というのが最終章の趣旨です。

つまり、何かをやってもらったあと、どんなアクションをとれば「やってもらえるループ」に突入するのかということです。

なかには、ビジネスの場でよくいわれる「マナー」には反するものもありますが、そんなことを気にするのはやめましょう。

マナーとは、相手にとって失礼に当たらない「平均点を出すためのルール」です。マナーを守っても、失礼にならないだけであって、それで関係を深めることはできません。

みなさんがなりたいのは、「きちんとしたマナーがあるけど、常に人間関係の悩みがある人」ですか？　それとも、「少しくらいマナーに反していても、誰からも愛されて、人間関係の悩みから解放された人」でしょうか。圧倒的に後者だと思います。

仲のよい友人といるときにマナーなんて気にならないように、ビジネスの場でも、多少失礼なことがあっても気にならないのがよい人間関係です。

もっといえば、**相手が子どもを思うような気持ちであなたのために「やってくれる」、親子のような強固さを持つのが理想的な人間関係です。**

本PARTでは、そうした理想的な関係を継続させる習慣とテクニックを5つご紹介します。

習慣1 感情（ストーリー）を伝える

それでは、まずは習慣1「感情を伝える」からご説明していきましょう。

何かをやってもらったら、それを当たり前のことだと思わずに、きちんと感謝の言葉を伝えることが大切です。

「自分がやってあげたことに対して、この人はとても喜んでいるな」と感じるからこそ、相手は自己重要感を覚えて「またやってあげたい」と思うのです。感謝することとの大切さについては、PART3でもくどいくらいにお伝えしてきました。

しかし、私たち日本人は感情を伝えることがあまり得意ではありません。大前提として、親しい友人や家族、恋人などであれば、「感情を共有したい」「自分の気持ちを理解してほしい」という本能的な欲求があるので、ある程度は自然に感情表現ができます。ですが、知人レベルになるとすでにハードルは上がっています。

ことビジネスにおいては、まったく感情表現ができていないといってもいいでしょう。心の距離がある人に対して、感情を表に出すことができないのです。

これは、初対面の相手とでも比較的和《なご》やかに雑談ができる女性より、男性に強く見られる傾向です。なかには、「感情を抑えることが仕事」と思っているのではないかというくらい、職場での反応が鈍くなっている人もいるほど。親しい人以外に対しては、自分の感情にふたをしてしまうのです。

とはいえ、**相手への感謝の気持ちは、「お礼の言葉を言えば伝わる」という単純なものではありません。こちらの感情をシェアできてこそ伝わるものです。**

それができなければ、相手にも心の距離を感じさせてしまうので、「またやってあげたい」と思われることはできないでしょう。

ここで失敗しないためにも、ある程度エモーショナルな表現で、相手に刺さる感謝の言葉を述べるための練習をする必要があるということです。

次の2つの文章は、取り引き先から出張のお土産をもらったあとに送ったメールです。どちらがより「喜んでいるな」と感じられるか、読み比べてみてください。

例1「先日は結構なものを頂戴致しまして、ご丁寧にありがとうございました。部署の者とおいしくいただきました」

例2「先日は静岡のお土産をいただき、ありがとうございました。部署のみんなで取り合いながら、おいしくいただきました。じつは私自身、静岡出身なのですが、最近実家に帰れていないので、故郷の味を一瞬でも味わえてとても嬉しかったです。子どもの頃、夏休みに祖父と川でよく遊んだことまで思い出してしまいました」

文章そのものの長さの違いもありますが、例1はビジネス的な定型文、例2は感情が乗ったかなりエモーショナルな文章になっています。

比べてみると、その差は歴然。圧倒的に例2のほうが「喜んでいるな」ということが伝わる文章だと思いませんか？

例1に関しては、ほとんど具体的な記述がないので「おいしくいただきました」という言葉にもリアリティがありません。「本当にお土産を食べてくれたのかさえ怪しいな」と思ってしまいそうです。丁寧なだけの文章では、感情をシェアすることも心からの感謝を伝えることもできないのです。ですが、実際にお礼メールを送る場合、ほとんどのビジネスマンが「失礼のないように」と、例1のような文章を書いています。

□感情は会話をつなげる接着剤

やってもらったことへの感謝の気持ちを伝える場合は、次の2点がポイントです。

・何がどのように嬉しかったのか、感謝の言葉だけでなく自分の感情を語る

↓「故郷の味を一瞬でも味わえてとても嬉しかったです」

・感情のあとに、関連性がある（ように見える）ストーリーを挿入する

↓「子どもの頃、夏休みに祖父と川でよく遊んだことまで思い出してしまいました」

では、どうすれば相手に刺さる感謝の言葉がつくれるのか、順番に説明していきましょう。

まず最初に、感謝の言葉を述べる。

例1のような形式ばった堅い表現でなく、口語調の少しくだけた表現を用いるといいでしょう。そのほうが自分の感情を乗せやすくなります。

次に、何かをしてもらってどう感じたのか、「○○の部分がすごく嬉しかったです」と、**自分の感情を大きく（少しオーバーに）伝えます。**

すると、喜ぶにいたった理由がわかるので、感謝の言葉にリアリティが生まれます。

「本当に感謝しているのだな」と相手に伝わるということです。

そして、感情のあとにはさらにストーリーを挿入します。

できれば「静岡土産」と直接関連するエピソードがいいのですが、薄いつながりでも構いません。

先ほどの例文でも、さも静岡土産と関連しているように見せて子どもの頃のエピソードを紹介していますが、よく注意して読むと、つながりはかなり薄いものであることがわかります。

祖父と川遊びをしたときにそのお土産を食べたとも言っていませんし、そもそも祖父との川遊びの思い出が静岡でつくられたものなのかもわかりません。

「静岡土産を食べて、あまり帰省していない静岡の実家のことを思い出した」
↓そのつながりで、「子どもの頃の夏休みのことを思い出した」

よくよく見ると、へんてこな文章ですよね。でも、最後に挿入するストーリーはこ

感情を伝える表現のテクニック

先日は静岡のお土産をいただき、**ありがとうございました**。❶部署のみんなで取り合いながら、おいしくいただきました。じつは私自身、静岡出身なのですが、最近実家に帰れていないので、**故郷の味を一瞬でも味わえてとても嬉しかったです**。❷**子どもの頃、夏休みに祖父と川でよく遊んだことまで思い出してしまいました**。❸

❶ まずは感謝の言葉をのべる

❷ 口語調で少しオーバーに感情を伝える

❸ ストーリーを挿入してイメージを持たせる
(多少文脈がおかしくても気にしない!)

メンタリズムのPOINT

感情をシェアしてこそ感謝は伝わるもの。
少しオーバーにストーリーを交えて感謝する

のレベルでまったく問題ありません。
というのも、普段自分が友達と交わしている会話を思い出してみてください。「そういえばさ」などと言って、それまでの内容とはまったく関連性のない話をしたり、「逆に」と言って何の反対意見も出さなかったりするのはよくあることです。

私たちは、かなり自分勝手に、いい加減な話し方をしているのです。それでも無理なく会話が続いていくのは、**感情が会話と会話をつなげる「接着剤」のような役割を果たしてくれるからです。**

もし、ビジネスの場で急にくだけた文章を差し込むのは難しいと思うなら、「追伸」などとして、メールの一番最後に持ってくるといいでしょう。

そうすれば、追伸はメールにおける「おまけ」「雑談」のような部分ですから、少しくらい文脈的におかしな部分があっても気になることはないはずです。

では、テクニックの応用です。知り合いから誕生日に思いがけないプレゼント（万年筆）をもらったという設定で、相手に刺さる感謝の言葉を考えてみましょう。

「誕生日プレゼント、本当にありがとう。まさか誕生日を覚えてくれているなんて思わなかったから、サプライズですごく嬉しかったよ。それに、じつはそろそろちゃんとしたペンを持ちたいなと思っていたんだよね。成人式の日に親からはじめて万年筆を贈ってもらったときと同じくらい嬉しいよ。本当にありがとう」

いかがですか。「大人として、きちんとしたペンを持ちたいと思っていたから、こんなにぴったりなプレゼントがもらえて嬉しい」という感情につなげて、「20歳のときに、大人の証《あかし》として親からもらった万年筆と同じくらいの嬉しさだ」というストーリーを挿入しました。

プレゼントの内容ではなく、プレゼントをもらえたこと自体の意外な喜びにつなげて「3年前、営業成績でトップになったときと同じくらいびっくりした」という言い方もアリでしょう。

どちらにせよ、こんなふうに感謝されたら、また来年も何かプレゼントしたいと思ってもらえるのではないでしょうか。

みなさんは、ただ「ありがとう」と言うだけで感謝の気持ちを伝えたと自己満足していませんか。相手に伝わらなければ、言葉だけの感謝には何の意味もありません。そのことをしっかりと肝に銘じておきましょう。

習慣 2

相手の話したい話を聞く

「やってくれる人」を気持ちよくさせるためにできるのは、感謝の言葉をかけることだけではありません。**彼らが好きなモノやコトについての話を的確に引き出して、よく聞いてあげることも立派なご褒美になります。**

そのためにも、まずはまわりの人に関心を持ち、彼らがどんなことが好きなのか探る必要があります。

みなさんが習慣にすべき2つめのことは「相手の話したい話を聞く」です。

「話を聞くことなんかで喜んでもらえるの？」と不思議に思うかもしれませんが、自分に当てはめて考えてみてください。

みなさんは、普段自分の好きなモノやコトについて十分に話すことができていますか？　完璧に趣味が合う人がまわりにいれば別ですが、そうでないとなかなか詳しい話まではできないのではないでしょうか。

たとえばみなさんが、映画が好きだったとしましょう。自分は年間３００本以上観るほどの大の映画好き。ちょっとマニアックなミニシアター系も好きで観ます。でも、そんな話をデートでしか映画を観ないような友人にしても、はっきりいってまったくわかってもらえません。

また、興味もない相手に話していても面白くないはずです。「最近観たフランスのミニシアター系の映画がね……」と夢中になって話したところで、相手の反応は鈍いでしょう。多くの人は、

「もっと詳しく話したい」
「もっと情熱をもって聞いてもらいたい」

という欲求を抱えているのです。

さらに、「アドバイスしてもらう」という形で相手の好きなモノやコトに関する話題を引き出すことができれば、「やってあげた相手のことを好きになる」という最初にお伝えした原則によって、アドバイスを求めれば求めるほど好かれる。だから、あなたに対して何かやってあげたくなるという不思議な好循環が生まれます。

「やってくれる人」はあなたに話を聞いてもらうことで、「この人に何かしてあげたらご褒美として自分の話を聞いてくれる」と考えるようになります。

そして、話を聞くあなたはさらに「やってもらえる」ようになるのです。

話を聞くということは、コスト0《ゼロ》で相手を喜ばせることができる、いってみれば「最高の報酬」なのです。

□SNSで相手の興味を把握する

相手の興味・関心を知るためにも、ある程度若い人ならフェイスブックやツイッターなど相手のSNSをチェックしましょう。
基本的なデータとして「興味・関心」「趣味」などの欄もありますし、そこに何も書かれていなくても、数カ月分の投稿をざっくりチェックすればすぐに関心の的は見えてきます。**一番にチェックするべきなのは、写真入りの投稿です。写真は、それがまわりに見てほしいものだという証になるからです。**

目上の方などでSNSに参加していない場合も、焦ることはありません。むしろそちらのほうが簡単で、まわりに聞いてみればいいのです。

たとえば相手の秘書さんや、後輩、部下、まわりの人。そういった人たちは、日常的に上司の好きなモノやコトについての話を聞かされています。

「○○部長が最近ハマっていることがあれば教えてください」と言えば、それはビジネス上の極秘情報でも何でもありませんから、「20年以上ずっとゴルフ一筋ですよ」「最近は日本酒にハマってるみたい」などと苦笑交じりで教えてくれるはずです。

趣味などに関する話なら、直接本人に聞いてもまったく問題ありません。「最近やっと仕事にも慣れてきたので、何か休日にできるいい趣味がないかなと思っているんですが……」などと誘い水になるような発言をすれば、相手は「ゴルフがいいよ」「映画でも観たら？」と、自分の好きなコトをするよう勧めてきます。

相手の持ち物から、こだわりのあるアイテムを見つけるのも助けになります。

たとえば私は万年筆を愛用しているのでわかりますが、筆記具で使い捨てのペン以外のものを使っている人は、それだけである程度のこだわりを持っている可能性が高い。このように、相手の好きなモノやコトについて調べるのは非常に簡単なのです。

□手間がかかるほど相手はあなたの虜に

情報がそろったら、あとはうまく話をさせてあげるだけ。

会うたびに、どんな小さなつながりからでも相手の好きなモノやコトに結びつけ、思う存分話ができる環境を整えてあげましょう。

たとえば相手がゴルフ好きで海外でもプレイする人なら、海外の話題が出るたびに「ハワイでも回られたりするんですか？」などと聞いてみる。「あのあたりにもいいゴルフ場があるらしいですね」と呼び水になるような発言をしてみる。

「アドバイスしてください」というのも、好きなモノやコトに関していえば、完全なるご褒美です。たとえば映画好きな人に、「週末に映画でも観たいなと思っているんですが、最近観たものでおすすめがあったらいくつか教えてください」とお願いしたとします。相手は「普段はどんな映画を観るの？　映画館派？　それともＤＶＤ派？」などと聞きながら、嬉しそうにあなた好みの映画をセレクトしてくれるでしょう。

ゴルフなら、「最近はじめてみたんですが、なかなかセカンドショットがうまく打てなくて……」などと相談します。すると、相手は必ずゴルフクラブをあれこれすすめてくれるでしょう。

多くの人は「他人に手間をかけさせてはいけない」と遠慮してしまいますが、好きなコトに関してであれば、アドバイスはまったく面倒くさいことではありません。

自分に当てはめて考えてみてください。**あなたが好きなコトについてのアドバイスを求められたら、かなり嬉しいのではないでしょうか。それについて他人のために調べる時間も楽しいはず。むしろ、「やってあげたいこと」なのです。**

また、手間がかかるほど相手はあなたを「助けてあげた」と感じるので、手間はかけさせたほうがいい。そうすれば、どんどんあなたを好きになって、いろいろ「やってあげたい」と思うようになるのです。自分が好きなことで、しかも相手を助ける。どうでしょう？　これ以上幸せなことはないですよね。

□アドバイスをもらったら即実行＆共有

そして、アドバイスをもらったら、ちゃんとそれを実行するのも忘れてはいけません。といっても、簡単なことばかりです。

たとえば映画なら、レンタルショップなどで「おすすめしてくださった映画、これですよね？」とジャケットの写真を撮って送る。

そのあとちゃんと観て「こんなところが面白かったです！」と言ったほうがいいのはもちろんですが、スマホで撮った写真を送るだけでも相手は十分喜びます。ゴルフクラブについても同様です。ショップに行って、「これですよね？」と写真を送る。もしお店に行くのが面倒なら、ネットショップなどのキャプチャー画像を送ってもいいでしょう。**買って試して感想を伝えるのが一番ですが、そこまでしなくても「自分のアドバイスが役立った！」と相手を喜ばせることはできるのです。**

とはいえ、ゴルフクラブは初心者ならどんなに高くても1本10万円もしません。もし、ビジネス上の「気に入られたい事情」があるなら、思い切って買ってしまうのもひとつの手でしょう。それで仕事がとれれば安いものですし、いらなくなったら売ってしまってもいいのです。

「おすすめしていただいたクラブ、清水《きよみず》の舞台から飛び降りるつもりで買ってしまいました！　お店で『このクラブは使う人を選ぶ』と言われたので、今度ぜひ、使い方を教えてください」などと言えば、相手はまた喜んでアドバイスをしてくれます。

これは私の経験からも言えることですが、必ずゴルフに誘われます。そうすれば絆はどんどん強まります。

「せっかくアドバイスしてもらったのにスコアが上がらなかったら申し訳ない」とプレッシャーを感じるかもしれませんが、気にする必要はありません。

先ほどの「使う人を選ぶ」というセリフが保険になるのです。「使う人を選ぶ」から、未熟者の自分には使いこなすことができなかった。自分には使いこなすことのできないゴルフクラブを使いこなしているあなたはすごい、というロジックで相手を褒めればいいのです。自信がなくても、誘われたらどんどん出かけていきましょう。

まずは相手の好きなモノやコトを調べて、それについて関心を示すこと。

次に、思う存分話をさせてあげるためにもアドバイスを求めること。

図々しいかな、などと思わず手間をかけさせることで、相手はどんどんあなたのことが好きになり、あなたのために「やってくれる人」になっていくのです。

習慣3

「自分しかいないと思わせる」

繰り返しになりますが、人は「やってあげる」ことで自己重要感が満たされる生き物です。自己重要感というのは、「私は必要とされている」と感じるということです。

そのため、「ほかにも頼める人がいるんじゃないの？」と思った瞬間にやる気がなくなってしまいます。つまり、「私以外の人、誰にでも埋められる穴だ」と思ってしまうと、自己重要感が満たされないからです。

また、いわゆる「便利屋」のように本当に何でもかんでもやらされると、文字どおりに「やらされた感」が出てきて、さすがにしんどくなってしまいます。

そして、「ごめん、それはできないや」「今回はムリ」と断られたときに、あなたが

「じゃあ別の人に頼みますね」と言うと、「やっぱり自分じゃなくてもよかったんだな」と相手はがっかりします。非常に簡単な仕組みですね。

やってもらってばかりでも好かれる人の3つめの習慣は、何かをやってもらう相手に「自分しかいないと思わせる」ことです。

せっかく自分のために「やってくれる人」をがっかりさせず、「自分しかいないのだ」と「やってあげる意義」のようなものを感じさせるには、ちょっとした工夫が必要です。「やってくれる人」を増やして、それぞれの得意分野でのみやってもらうことにするのです。

たとえば、ペンチで切れるのは針金です。ハサミで切れるのは紙や布です。

それと同じで、人にも適材適所というものがあります。「切るものだから」という雑なジャンル分けで何でもかんでも「ハサミさん」にお願いするのではなく、相手のことをよく知って、「ペンチさん」も「ハサミさん」も「カッターさん」も用意する。

そして、それぞれに得意なことだけをやってもらう。そうすれば心の底から「○○に関してはあなたにしかお願いできない」と言えますし、やっている本人も得意なことなので苦にはなりません。

そして、**もっと理想を言えば、それが相手の「得意なこと」であり、「好きなこと」でもあると最高です。**

たとえば、写真が趣味の同僚に「社内報に載せる写真を撮ってほしい」とお願いしたり、商品開発系の部署に興味がある後輩に「企画を出してみない？」と募ったりするのは、非常に喜ばれるお願いごとだといえるでしょう。

ビジネスでは、好きなことを仕事に生かせるケースと生かせないケースがあるので「得意なこと」というだけでも構いません。

そして、相手の好きなことを知るための方法は、習慣2「相手の話したい話を聞く」でお話ししたとおりです。直接聞くもよし、ツイッターやフェイスブックなどS

NSをチェックするもよし。好きなことについての情報は入手しやすいので、みなさんが本当に知りたいと思えばいくらでも調べられます。

□「得意」よりも「好き」をやらせてあげる

友人関係であれば、「得意なこと」より「好きなこと」を優先するのが正解です。

つまり、「法律事務所で働いている人だから」と法律に関するアドバイスを求めるよりも、「本が好きな人だから」と時間術の良書について教えてもらったほうがいいということです。本人的にも楽しんでやれることなので、相手はそれを苦にするどころか「何度でもやってあげたい」と感じるはずです。

また、たとえばデザイン事務所に勤める友達に名刺のデザインをお願いすれば、難なくやってくれるでしょうし、それなりのクオリティは担保されています。ですが、日頃から仕事としてデザインをしている人にとって、名刺のデザインは小さな仕事です。あまりやりがいがある作業だともいえません。

いっぽう、美大に通うデザイナー志望の学生さんにとって、「その人の顔」ともいえる名刺のデザインは大役です。自分のデザインが多くの人の目に触れると思えば、全身全霊をかけて取り組んでくれるでしょう。

一概には言えませんが、「好きなこと」をやってもらったほうがクオリティの高いものが出てくる可能性が高いのです。

相手がやりたいと思っていることをやらせてあげる場をつくるのですから、「好きなことをやってもらう」のはＷｉｎ－Ｗｉｎの関係です。

相手は、「やりたいことをやらせてくれる」あなたのことが好きになり、自分の好き嫌いに関係なく、「好きなあなたのために、いろいろやってあげたい」と思うようになるでしょう。これもまた、「やってもらえるループ」に突入するひとつの方法なのです。

□口出し上司を黙らせる意外な方法

ちなみに、この法則を応用すれば、「何かと口を挟みたがる上司」をうまく撃退することもできます。その上司がみなさんの仕事に口出ししてくるのは、そうすることで職場への影響力を感じていたいからです。

究極的にいえば、口出ししたいのではなく、「上司として、自分にしかできないようなことがしたい」「自分が必要とされていると感じたい」ということです。**この手の上司への対策としては、確認回数を増やすのが一番。**

何度も確認させたらもっといろいろ口出しされて、仕事が進まなくなってしまうのではないかと思うかもしれませんが、そこで避けるから上司は「自分の影響力を感じたいために」面倒なタイミングで口出ししてくるのです。多くの人が、それを勘違いして悪循環にハマっています。

迷惑上司に対しては、あまり大局に影響が出ない段階で「新規プロジェクトのアドバイスをしてください」と相談を持ちかけましょう。

そして、アドバイスを生かしていても生かしていなくても、「課長にアドバイスしていただいたアイデアを基に企画を立ててみました。確認していただいてもいいですか？」と確認をとります。

本当に仕事の内容を見て口を挟んでいる上司なら、「僕が言ったのはこういう意味じゃなくてね……」と直されてしまうかもしれませんが、その手のただの迷惑上司であれば、「あなたのアイデアを生かしました」という発言に満足します。

内容はどうあれ、「いいんじゃないかな」と上機嫌で返事をするはずです。「面倒なことを言ってくる人だから」と避けるのではなく、小さなステップごとに確認をとって、「ありがとうございます。○○さんのおかげです」と感謝しましょう。

そうすれば、彼らは「自分のアイデアが生きている（と思っている）企画」を途中で変更しようとしたりはしません。

面倒な上司を懐柔する唯一の方法は、自分から近づいていくことなのです。

それまで何かとやってくれていた人がやってくれなくなったとしたら、同じ人に頼みすぎて疲れさせてしまったか、相手に「自分じゃなくてもいいんだな」と思わせてしまったかのどちらかでしょう。

いろいろやってもらいつつも「Ｗｉｎ－Ｗｉｎの関係である」という状態が、この本の目指す人間関係の形です。**相手が何をしたいと思っているか、相手の気持ちを察して適材適所でお願いするのが、本当に上手な「やってもらう人」なのです。**

習慣
4 小さくお返しをする

もうすぐ、お世話になっている部長の誕生日――。

いつもよくしてくれる部長のために、何かステキなプレゼントを買って喜ばせたい。自分の誕生日にもかなり値の張るプレゼントをもらってしまったし、ここでひとつドーンと大きくお返ししておきたいな。

でも、お洒落でブランド物もたくさん持っていて、もちろん自分よりも高いお給料をもらっている部長に買ってあげられるものなんて何もない……。どうしよう、どうしよう――。

上司でなくても、目上の人へのプレゼントは悩みの種になりがちです。みなさんも、一度くらいは「何を買えばいいのだろう」と途方に暮れてしまった経験があるのではないでしょうか。

これが部下や後輩へのプレゼントであれば、話は簡単です。
「ステキなプレゼント＝彼らが自分では買うことができない高級なモノ」と定義して、高級なペンやブランド物のネクタイなど、いわゆる「高級品」を選べばいいのです。あまりお金のない年下の相手であれば、「高い物を買ってもらった！」と素直に喜んで、みなさんからのプレゼントを大事に使ってくれるでしょう。

それに、いくら高級とはいっても、ペンやネクタイであれば数万円の話です。本当にかわいがっている後輩なら、日頃のサポートへの感謝を込めて、それくらいしてあげてもいいかもしれません。

□目上の人には小さく細かくお返しを

では、目上の人へのプレゼントはどうすればいいのでしょうか。そこで思い出してもらいたいのが、習慣４「小さくお返しをする」です。

これは、何かやってもらったら、こまめに小さくお返ししようということです。

たとえば、上司に「元気か？」と聞かれたら、「お気づかい本当にありがとうございます。おかげさまで風邪も治りました」と丁寧に感謝の言葉を言う。

いつも仕事で助けてくれる上司に対しては、3日に一度くらい缶コーヒーを買って「お疲れさまです！」と差し入れをする。**じつは、人が他人に感じる好意はふれ合う回数によって決まります。これを「単純接触効果」といいます。**

つまり、1年に一度、誕生日のときにだけ高いプレゼントをくれる人より、週3回100円のコーヒーをくれる人のほうに強い好意を抱くということです。

仮に本当に3日に一度の頻度で100円コーヒーをプレゼントしたとしても、1年にかかる費用は100円×120回＝1万2000円です。誕生日プレゼントで（価格的に）大きくお返ししようとしたら、絶対にそんなものではすまされません。

より安い金額で大きな好意が得られるのなら、小さく、細かく返すのが得策でしょう。そして、相手に好かれることができれば「やってもらえるループ」に突入することにもなります。

とはいえ、PART3で「先手を打つ」という「先に小さなことをして5倍のお返しを受け取ろう」というテクニックをご紹介したので、お返しをするなら5倍にしなくちゃいけないんじゃないの？　と矛盾を感じる人もいるかもしれません。ですが、あれは「人はつい5倍にして返さなくてはならないと思ってしまう」というだけのことで、そうしなくてはいけない決まりはどこにもありません。

むしろ、大きなことをしてもらったら、それを5倍にして返すのではなく、「○○さんが助けてくださったおかげで何とかなりました。私一人では絶対にどうにもならなかったと思います。本当にありがとうございます！」と少し大げさに感謝するのが正解です。

大きくやってもらったら、大きなお返しではなく、大きな感謝で返せばいいので

す。また、日頃から小さくお返ししていれば、「ちゃんとお返しをしてくれる礼儀正しいヤツだ」というイメージがついていますから、そこで大きなお返しがなくてもマイナスイメージを抱かれることもありません。

実際に目上の人へのプレゼントを選ぶ際には、まず「いいモノ＝高級品を買わなくてはいけない」という思い込みを捨ててください。

そもそも彼らは高級品に囲まれているので、こちらが少し頑張ったくらいでは金額的に満足させることはできません。もし、彼らが自分では買えないような金額のものをプレゼントしたとしても、喜んではもらえないでしょう。

あなたが無理をして買ったことは明白なので、「こんなに高いものを買って大丈夫なのか？」と喜ぶどころか心配されてしまうでしょうし、「こんなに高い物を贈ってきて、どういうつもりなんだ」と常識を疑われてしまう可能性もあります。

□感情のないプレゼントは、何も書かれていないメッセージカード

私はいつも、「プレゼントはメッセージカードと同じなんですよ」、とアドバイスしています。たとえば誕生日などに恋人や家族からメッセージカードをもらうと、とても嬉しいですよね。でも、カード自体はどんなに高くても数百円程度のものです。

それなのに私たちがカードをもらって喜ぶのは、心のこもったメッセージが書かれているからです。**「私のためだけに書かれたメッセージ」が嬉しくて、数百円のカードが宝物になったりするのです。**決してカード自体の魅力ではないのです。

プレゼントも同じで、基本的には金額は関係ありません。先ほども言ったように、若い人であれば「自分で買えないものを買ってもらった」という喜びがありますが、年配の人に関してはその感覚は皆無。

そんな人に金額だけ背伸びをして高級なワインやシャンパンを贈っても、それは何も書かずにメッセージカードを渡すようなものです。メッセージカードを白紙で渡す

人はいないのに、プレゼントとなるとつい気持ちより金額を担保にしてしまうのですから不思議ですね。

しっかりと「自分にベクトルが向いたプレゼント」が贈られるからこそ、人は喜ぶのです。

そこでヒントになるのは日常の何気ない会話です。

たとえば、「ジムに行きはじめた」「ダイエットをしている」「娘に子どもが生まれた」など。ダイエット中の上司にはハイテクな歩数計をプレゼントするといいでしょうし、ジムに通っている上司には、みるみる筋肉がつくと話題のプロテインや、ジム通いが楽しみになりそうなカッコいいトレーニングウエアなどをプレゼントするといいでしょう。「孫がかわいくて仕方がない」というなら、上司のＳＮＳの投稿から写真を拝借して、お孫さんの写真をプリントしたオリジナルのペンをつくってあげたりするといいわけです。

どれもこれも決して高いものではありませんが、相手の今一番の興味・関心に関係

するものばかり。それでこそ、「自分のために選んでくれたのだな」というベクトルが感じられる贈り物になるのです。

お返しに関しては、質より量（回数）が重要です。大きく返すのではなく、細かく、小さく返すこと。やってもらってばかりなのに好かれる人は、ごくごく小さなお返しをマメにしています。

習慣になってしまえば、本人にとっても大変なことではありませんから、「やってもらうとお返しをしなくちゃいけなくて大変だな」と思うこともありません。やってあげたことを忘れてしまうくらいの本当に小さなことでいいからです。

自分が忘れてしまっても「お返しをしてくれた」という印象は相手にしっかりと刻みつけられます。だからこそ、大きなことも堂々と「やってもらっていい」のです。

習慣5

自慢してあげる

最後の最後にご紹介するのが「自慢してあげる」という習慣です。

ちょっと違和感があると思いますが、きっとみなさんが思っていることとは違います。自分のことを自慢するのではなく、相手が「やってくれたこと」を人前で自慢するのです。つまり、**第三者の前で「私にはこの人のことが必要です」と宣言して、相手の承認欲求を満たしまくるということです。**

これは、とくにスーツや時計など、わかりやすい持ち物で権威を主張したい人に効果的なアプローチです。ある意味、嫌味なやり方で「自分はこんなに金を持っているぞ」「成功しているぞ」と世間に主張している人たちです。

そんな人であっても、他人に「自分はこれだけ後輩の世話を焼いてやっている」とは言えないものです。スーツや時計に関しては「お洒落が好きなんだ」などと言って言い逃れ（になっていなくても、それらしい言い訳）ができますが、「やってあげたこと」を挙げ連ねるのはさすがに嫌味になりすぎるからです。

ですから、それに関しては「やってもらった人」が事細かに人前で言ってあげること。単に「本当にいつもお世話になっているんです」では全然足りません。

□やってもらったことをストーリーにしてみんなに知らせる

習慣1「感情（ストーリー）を伝える」との合わせ技で、いつ、どんなときに、どんなふうにやってもらったのか、ストーリー仕立てで多少オーバーに説明するといいでしょう。

たとえば、このように……。

「部長には本当にいつもお世話になっているんです。この前、じつは私が発注ミスを

してしまったんですが、すぐに気づいてくださったのが部長です。おかげですぐに発注し直すことができて、納期も問題なくクリアすることができました。地獄に仏とはこのことだと思いましたね。ホッとしたら気が緩んで、うっかり『お父さん、ありがとう！』と言ってしまいそうでしたよ。もう、うちの部署は本当に部長がいないとどうしようもないんです」などなど。

彼氏についても、どんどん友達の前で自慢しましょう。

「このピアスね、彼がクリスマスに買ってくれたの。男の人なのに、女友達みたいに私の趣味をわかってくれて、いつもすごくかわいいプレゼントをくれるんだよね。記念日もとってても大事にしてくれてね。私、『付き合って半年』みたいなお祝いをしてもらったことなんてなかったから、本当にびっくりしちゃって。すごく大事にしてもらってるなってしみじみ感動しちゃった」など。

さすがに「ごますり」がすぎると思いましたか？　でも、相手が自分からは言えないのですから、「そんなにやってあげていないよ」というところまで言ってしまっていいのです。第三者の前で褒められたら相手は認めざるを得ませんし、そうすると次のときには本当に言ったレベルのことまでやってくれるようになります。

この効果を、心理学的には「パブリック・コミットメント」といいます。これは、公の場で自分の意見を発表すると、その意見にあった行動をしなくてはならないという心理が働き、実際に言ったとおりの行動を起こす確率が高くなるというもの。

大勢の招待客を呼んで結婚式をした人のほうが、結婚式をしなかった人よりも離婚率が低いといわれるのはこのためです。(本当に幸せで離婚など考えたこともない夫婦もいるとは思いますが)彼らは大勢の友達や親せきの前で「誓います」「幸せになります」と宣言した手前、「そう簡単には別れられない」という心理が働いているのです。

第三者の前で言われたことを否定せずに認めた場合も、同じ効果があります。

彼氏の例を見て、そんなにのろけられたら一緒にいる友達に嫌がられるんじゃないかと心配になったかもしれません。

ですが、これもPART3でお伝えした「お世辞を言い切る」のと対処法は同じです。お世辞を言う人を見て「嫌だな」と感じるのは、自分がお世辞を言われていない人でした。つまり、友達に対して彼氏の自慢をしたら、今度は彼氏に対して「この子は本当に頑張り屋さんでね、私はいつも目標にしているの。すごくハードな職場なんだけど……」などと、やはり言いすぎなくらい友達の自慢をすればいいのです。

そうすれば、彼氏も友達も「言いすぎだってば」と照れながら、内心では嬉しくて仕方がないはずです。きっと、もっとあなたのことが好きになり、もっと「やってあげたい」と感じることでしょう。

□「兄さん」「兄貴」に込められた強力な暗示

これらのテクニックをうまく使っているのが芸人さんです。テレビなどで後輩の芸人さんが先輩に向かって「兄さんには本当に食えない時代からずっとおごられっぱなしで……」「芸能界の兄貴みたいな人なんです」などと話している場面をよく見かけます。これは、**「やってもらったこと」の自慢と同時に、「兄さん」「兄貴」という呼び方が持つ暗示効果も利用した、超強力な合わせ技。**

「兄さん」「兄貴」は、基本的には弟の面倒を見るものです。人前でそう呼ばれることで、今まで以上に「自分が面倒を見なくてはいけない」「守ってあげなくちゃ」という気持ちにさせられるのです。頭が切れる彼らは、無意識にその効果を理解したうえで、あのような呼び方をしているのでしょう。

これは、芸人さん以外にも十分使える手です。

職場の先輩を「兄さん」と呼ぶのはいささか芝居がかっていて「やりすぎ感」がありますが、少し歳の離れた上司を「証券会社に入ってからの『お父さん』のような存在なんです」と言ったり、年上の友人に対して「東京の『兄貴』だと思って仲よくさせてもらってるんですよ」などと紹介したりするのは十分にアリでしょう。
「兄貴」「お父さん」という呼び方は、「慕っている」「尊敬している」というアピールにもなるので、「言いすぎだよ」などと言いつつも、相手も悪い気はしないはずです。

すでにお気づきかもしれませんが、手を替え品を替え、相手の自己重要感を満たすことが、「やってもらってばかりでも好かれる人」になるために身につけるべき習慣です。**「自分は必要とされている」と思わせることが、やってもらったことへの唯一・最大のご褒美になるのです。**この習慣さえ身につけることができれば、人間関係は自然と楽になっていきます。

COLUMN

小さな仕事の継続が大きな仕事への近道

私からみなさんに質問です。できるだけ最短ルートで「大きな仕事がしたい」と思ったら、まずどんなことをしますか？　ほとんどの人は、大企業に入社するために就職活動や転職活動の対策をはじめるのではないでしょうか。

でも、それは正解ではありません。

たしかに、大きな会社に就職すれば、いつかそこで出世したあかつきには「大きな仕事」を任せてもらえることでしょう。ですが、出世するのは何年先ですか？　そもそも、優秀な人がそろっている大企業で、スムーズに出世する自信がありますか？　そう言われると、「これは最短ルートではないかもしれないな」と不安になってきたのではないでしょうか。

旧約聖書の「出エジプト記」のなかに、こんな聖句があります。「賄賂を受け取ってはいけない。賄賂は視力のさえた者を盲目にし、義人の言葉をゆがめさせるからである」。少し難しい表現をしていますが、この聖句が意味するところはPART3のトラップ「先手を打つ」とほとんど同じ。人は、賄賂という先手を打たれると、目がくもってつい5倍のお返しをしてしまうものなのです。

この仕組みをうまく利用して出世したのが、三菱財閥の創業者である岩崎弥太郎《いわさきやたろう》です。彼の座右の銘は「金と権力がないなら、それを持っている人間と組めばいい」でした。言われてみればそのとおりなのですが、なかなかそれを実践できる人はいません。そもそも、金も権力もない状態では、すでにそれを持っている人物と出会うチャンスすらないのが普通です。ですが、そこで「金も権力もない」貧乏浪人だった岩崎弥太郎がやったのは、「誰もやりたがらない小さなことを率先してやること」でした。

大きな目標があるのに「誰もやりたがらない小さなこと」をするなんて、もっとも最短ルートから遠いように感じるかもしれません。

ですが、もし誰もが「やりたくない」と感じていることがあるとすれば、それは誰もが「自分はやりたくないけど、誰かにやってほしいこと」なのです。そんなに多くの人から求められている仕事はほかにありません。

細かい仕事をコツコツすることで5倍のお返しを期待できる

岩崎弥太郎は、その積み重ねによって注目され、大人物から評価され、最終的にはあれほど大きな会社をつくり上げました。「積み重ね」というのも非常に大切なキーワードです。「単純接触効果」といって、人は接する回数が多い人に対して好感を抱きます。どんなに小さなことでも、何度も他人の求める先手を打った岩崎弥太郎が大きく評価された＝5倍のお返しをもらったのは、当然の結果なのです。

これは、私たちが仕事をするうえでも非常に学びのあるエピソードです。つまり、

「大きな仕事がしたい」と思ったら、みんなと同じように仕事をしているのではダメ。誰もやりたがらない小さな先手を打ち続けるからこそ、誰からも感謝され、注目され、やがては最短コースで「大きな仕事」にたどり着けるのです。小さな先手がいかに相手の目をくもらせるか、面白いたとえがあります。

買ったばかりのメガネの表面はピカピカで、傷ひとつありませんね。ですが、もし今メガネが手元にあるなら、よく表面を見てください。汚れがついていたり、少し傷ついていたりしませんか？

でも、そのことに気づいていなかったのではないでしょうか。このように、少しずつメガネについていった傷と同じで、少しずつ先手を打たれると、そのせいで自分の目がくもり、ついつい5倍のお返しをしてしまっていることにも気づきません。

出世など、上司が判断する段階になって、「これくらいの成果を出しました」と報告するのではもう遅いのです。その前に先手を打ち、目をくもらせておくからこそ、大きな仕事が得られるのだと肝に銘じましょう。

おわりに

もっと他人から助けてもらうことで人から好かれるようになり、人間関係も楽になります。だから、頑張るのをやめて尽くす人から尽くされる人になってください。

これは、私が「はじめに」でみなさんにお話ししたことです。人間関係をよりよいものにするために心を砕き、まわりに気を使い、努力してきたみなさんは、１８０度の方向転換を強いられたような気持ちになったのではないでしょうか。

「そんなはずはない」と感じ、なかには論理のアラを探すようなつもりで読みはじめた人もいるかもしれません。

もしあなたが反感を覚えながらもこの本を読み進めてくださったのだとしたら、私の作戦どおりです。あなたはきっと、真面目さゆえに人間関係で苦労してきたのだと思います。そして、私はあなたにこそこの本を読んでもらいたいと思っていました。

そこで私は、最初に意外性のある事実を突きつけることで価値観に揺さぶりをかけ、関心を誘いました。続く「3つのルール」「7つのトラップ」「5つの習慣」で徐々に「なぜかまわりに助けられる人の心理術」をひも解いていくことで、心の底から納得してもらえるよう工夫したつもりです。重要なポイントについては、多少くどいかな、と感じるほど何度も繰り返すことで、あなたの心に浸透させました。

いかがですか？　少なくとも、最初に感じた反感は薄れ、上手に助けてもらうための「トラップ」を試してみたくなったのではないでしょうか。本を読み終わった今の段階では、その程度の変化で構いません。

ですが、テレビで私のパフォーマンスを見ていて、「メンタリスト」のような感覚を味わってみたいと思ったことはありませんか？　せっかくお金を出してこの本を買ったのですから、一度くらいは「トラップ」を仕掛けてみてください。そして、他人が自分の思いどおりに動く感覚を味わってください。この本に書いたとおりに行動すれば、必ず成功します。

もし心配なら、一度や二度の失敗でみなさんへの好意が揺るがない、家族や恋人、友達に仕掛けてみましょう。相手はきっと、面白いようにあなたの思いどおりに動いてくれるはずです。一度成功すれば、また別のトラップを試してみたくなります。

さあ、私の知識はすべてみなさんに託しました。あとは行動あるのみです。私はメンタリストなので、健闘を祈ったりはしません。

みなさんの人間関係がよりよくなることをお約束します。

メンタリストＤａｉＧｏ

宝島
SUGOI
文庫

【著者プロフィール】

メンタリスト DaiGo

作家、大学教授、企業顧問。慶応義塾大学理工学部物理情報工学科卒。英国発祥のメンタリズムを日本に初めて紹介。心理学を応用し、コンサルティングや企業研修、IT サービスや遺伝子解析などのプロダクト開発などに関わる。一日10冊以上の本を読み、著書は累計150万部。実際は読書と2匹の愛猫をこよなく愛するただの引きこもり。おもな著書に『自分を操る超集中力』（かんき出版）、『一瞬で YES を引き出す心理戦略。』（ダイヤモンド社）、『ブラトレ！』（宝島社）、『ポジティブ・ワード』（日本文芸社）など多数。

★本書は2015年8月に小社より刊行した『なぜかまわりに助けられる人の心理術』を文庫化したものです。

なぜかまわりに助けられる人の心理術

（なぜかまわりにたすけられるひとのしんりじゅつ）

2017年 3月8日 第1刷発行
2017年 5月8日 第2刷発行

著　者　メンタリスト DaiGo
発行人　蓮見清一
発行所　株式会社 宝島社
〒102-8388　東京都千代田区一番町25番地
電話：営業 03(3234)4621／編集 03(3239)0928
http://tkj.jp
印刷・製本　株式会社廣済堂

First published 2015 by Takarajimasha, Inc.
ISBN978-4-8002-6800-6